法学
ことはじめ

生田勝義
大平祐一
倉田　玲
河野恵一
佐藤敬二
德川信治
松本克美

共著

法律文化社

はしがき

　法的な考え方を身につけ行動することの重要性が今ほど高唱されたことはないのではないでしょうか。
　従来，法学教育は大学に入ってから受けるものでした。それは，法学部の専門教育として，また大学における一般教育の一環として，行われてきました。ところが最近では，それにとどまらず，法務省が音頭をとった形で，一般市民のための「法教育」の重要性が叫ばれるにいたっています。文部科学省の学習指導要領などにおいても，高校以下の生徒・児童のための法教育が必要だと言われ，その教材作りの試みもなされるにいたっています。
　そのような法教育提唱の背景には，1990年代以降の規制緩和やそれに対応できる自律的な市民の育成という新自由主義的な国家政策が存在することを無視することはできません。けれども，今日の法がその正当性の根拠を普遍的な人権や民主主義に求めざるを得ないことを考えますと，法教育もそれが提唱された背景や狭い思惑を超えて発展する可能性を秘めているといえるでしょう。とりわけそのことがあてはまるのは，法教育が身近な生活現象を素材にする中で，今日の法の基本的原理や原則とも関係させて法的な考え方を身につけさせようとする場合です。じつはそれが，法教育の目標・理念として提唱されているところでもあります。
　それでは，大学における法学教育は，どうあるべきなのでしょうか。大学での法学教育には，学部段階における専門的なものと，一般教育としてのものとがありますが，これらは法教育との関係，それとの異同を自覚して展開しなくてはなりません。
　学部段階における専門の法学教育では，基本的な専門知識を体系的に習得しつつ法的な考え方や応用力を身につけていくこと，つまり専門的教養を身につけていくことが目標になります。それに対し，法教育では専門知識の習得は目標にされていません。
　つぎに，一般教育としての法学はどうでしょうか。これには，法教育の延長として展開するものや，特定の生活・社会関係における活動に必要な特定の法

に関する専門的教養を身につけるための基礎科目として展開するものなど，があります。少なくとも後者では，基本的な専門的法知識の習得が必要でしょう。

　そのことに加え，大学における法学教育は，学問の一環であることを忘れてはなりません。学問としての法学は，専門教育であろうと一般教育であろうと，現状をたんに理解し現状に妥協するだけでなく，問題があればそれを変えていける知の力を養えるものでなければならないでしょう。

　本書は，法教育を受けた人にとってはより高度な法学の知見を提供する。受けていない人にとっても具体例を通じてわかりやすく法学に入っていける。そのような思いで編集されました。

　法学の教科書にはいくつかのタイプがあります。法学の学問分野ごとにそれぞれを概説するものや，生活関係ごとにトピック（トピカ）を取り上げ検討する問題別思考型，あるいは両者の結合型ないし折衷型，などです。それぞれに長短があります。本書は民法典，刑法典などの法典を基本とする日本法の構造に合わせ，法学の分野ごとの編成をとったうえ，それぞれの個所で具体例を示すようにし，また相互関連に注意するよう配慮しております。

　本書の構成は，身近な私人間の関係を規律する私法，その現代的修正の社会法，つぎに犯罪と刑罰に関する刑事法，それらの大枠をなす基本的原理・原則をしめす憲法，国家を超えた国際関係の法とその発展，最後の第13章が法解釈の専門的技法やそのもつ意味を，論じるものとなっています。

　私法，とくに民法に関する部分が全体の中でかなりの分量を占めています。これは，私どもがこれまで法学教育を進める中で，民法についての知識や理解が他の法分野の学習にとっても基礎・基本となることが明らかになってきたからです。この点は最近の法教育に関する議論の中でも認識されつつあるところです。

　また，激動する今日の法を理解するには，前近代の法と比較するという視点も重要です。日本では明治時代に西洋法を継受しつつ近代的な法制度を確立してきました。けれども，継受の過程やその後の展開のなかで少なからず日本的な変容がなされたという事実にも注意すべきです。この日本的変容の意味を理解するには，前近代の日本法と比較してみることが必要でしょう。本書は，そ

の一助として，日本法史に関するコラムを設けました。

　本書は7人の共著ですが，執筆にあたっては法哲学の平野仁彦教授，刑事訴訟法学の渕野貴生教授などから貴重な助言を得ることができました。また，本書の編集では法律文化社の秋山泰さんに大層お世話になりました。記して感謝の意を表します。

　2014年9月

著者一同

 お知らせ

　本書の内容をわかりやすくし，その理解が進むように，別途Webページを設け，Chapterごとに関連する図表・資料のデータや「EXAM設問」に対する「解答のヒント」を載せています。このWebページには，法律文化社ホームページ「教科書関連情報」（http://www.hou-bun.com/01main/01_04.html）よりアクセスできます。

目　　次

はしがき

Introduction　法学の学び方 ………………………………生田勝義……1
I　法とは何か ………………………………………………………………2
　　1　社会常識と法律　2　社会・ルール・規範　3　社会規範と国家法　4　規範や法の歴史性　5　法規範の種類
II　法源と国家法の分類 …………………………………………………8
　　1　法　源　2　国家法の分類
III　法の実現 ………………………………………………………………11
　　1　法的紛争の自主的解決　2　法的紛争の公的権威による解決　3　裁判外紛争解決手続　4　刑事裁判と行政処分

　コラム　「白黒をつける」ことの困難さ ……………………河野恵一……13

Chapter 1　財産取引と法 I　契約 ……………………松本克美……15
I　契約類型 …………………………………………………………………16
　　1　典型契約　2　非典型契約
II　契約の成立・効果・終了 ……………………………………………17
　　1　契約の成立　2　契約の効果　3　契約違反の効果──債務不履行
III　契約の主体 ……………………………………………………………23
　　1　権利能力・人・法人　2　意思能力　3　行為能力　4　代理
IV　契約の有効性 …………………………………………………………26
　　1　意思の不存在（欠缺）・瑕疵ある意思表示　2　法律行為の内容

Chapter 2　財産取引と法Ⅱ　不動産と動産・金融取引
………………………………………………松本克美……28

- Ⅰ　物権と法………………………………………………………………28
  - 1　不動産と動産／物権と債権　2　物権の種類
- Ⅱ　動産の物権変動と即時取得………………………………………31
- Ⅲ　不動産の物権変動…………………………………………………32
- Ⅳ　不動産の賃貸借をめぐる法律関係………………………………33
  - 1　賃貸人・賃借人の権利・義務　2　転貸借関係　3　賃貸目的物の修繕・賃貸借契約終了時の原状回復
- Ⅴ　金融取引と法………………………………………………………35
  - 1　物的担保　2　人的担保　3　責任財産の保全

Chapter 3　権利侵害の救済
………………………………………………松本克美……41

- Ⅰ　権利侵害行為の排除………………………………………………41
  - 1　物権的請求権の活用　2　それ以外の権利に基づく差止め
- Ⅱ　不法行為責任の成立要件…………………………………………43
  - 1　概　説　2　故意・過失　3　権利ないし法益の侵害
- Ⅲ　損害賠償……………………………………………………………45
  - 1　因果関係　2　相当因果関係論　3　損害額の算定
- Ⅳ　特殊な不法行為……………………………………………………47
  - 1　他人の行為に対する不法行為責任　2　危険な物に対する不法行為責任　3　特別法上の不法行為責任

Chapter 4　家族法の考え方
………………………………………………松本克美……53

- Ⅰ　婚姻法………………………………………………………………53
  - 1　婚姻の成立　2　婚姻の効果　3　離婚の成立　4　離婚の効果
- Ⅱ　親子法………………………………………………………………58
  - 1　実親子関係　2　養親子関係　3　生殖技術の発展と親子法
- Ⅲ　相続法………………………………………………………………61
  - 1　法定相続　2　遺言相続

目　次

Chapter 5　近代民法とその現代化　………………松本克美……64
- I　民法の体系と歴史 …………………………………………… 64
  - 1　民法の規律対象と体系　2　民法の歴史
- II　近代民法の原則 ……………………………………………… 67
- III　近代民法の修正と現代化 …………………………………… 68
  - 1　近代民法の修正　2　民法の現代化

🔖コラム　歴史の中の相続——江戸時代を中心にして ………大平祐一……75

Chapter 6　社会法の考え方　……………………………佐藤敬二……79
- I　社会法と生存権理念 ………………………………………… 79
  - 1　労働者・要保障者　2　社会法と生存権理念
- II　労働団体法・集団的労働関係法 …………………………… 81
  - 1　労働組合活動の法的保護　2　労働三権　3　団結権　4　団体交渉権　5　団体行動権（争議権）　6　不当労働行為
- III　労働保護法・個別的労働関係法 …………………………… 85
  - 1　個別労働者の保護　2　労働憲章　3　労働契約　4　労働条件　5　労働環境　6　多様な雇用・就業形態　7　基準監督
- IV　社会保障法 …………………………………………………… 91
  - 1　社会保障法の原則　2　公的扶助法（生活保護法）　3　社会福祉サービス法・社会手当法　4　年金保険法　5　医療保険法　6　高齢者医療確保法・介護保険法

Chapter 7　刑法の基本原則　……………………………生田勝義……96
- I　刑法についての基本的な考え方 …………………………… 96
  - 1　刑法と道徳の関係　2　モラリズムと侵害(行為)原理　3　「被害者なき犯罪」，不快原理　4　刑法の機能
- II　刑法の基本原則 ……………………………………………… 101
  - 1　謙抑主義　2　罪刑法定主義　3　実体的デュー・プロセス　4　刑罰権と国家主権

🔖コラム　復讐をいかに制御するか ……………………………河野恵一……107

Chapter 8　犯罪と刑罰 ……………………………… 生田勝義 …… 109
- I　犯罪の類型と構成要素 …………………………………………… 109
  - 1　犯罪の類型とその意味　2　犯罪の構成要素
- II　犯罪阻却事由 ……………………………………………………… 115
- III　刑罰の種類と理論 ………………………………………………… 117
  - 1　刑罰の意味と種類　2　刑罰に関する理論——正当化根拠など
  - 3　刑罰をめぐるその他の問題

Chapter 9　刑事司法手続と人権 …………………… 生田勝義 …… 122
- I　刑事司法作用の特徴 ……………………………………………… 122
  - 1　刑事司法作用と行政警察作用のちがい　2　強大な強制力と人権保障　3　裁判への市民参加——陪審裁判と裁判員裁判
- II　裁判を受ける権利 ………………………………………………… 125
  - 1　無罪の推定　2　刑事裁判の公平・迅速・公開　3　証人審問権　4　弁護士依頼権
- III　強制手続と人権保障 ……………………………………………… 128
  - 1　令状主義　2　理由開示請求権と弁護人依頼権　3　不利益供述強要の禁止　4　自白法則　5　一事不再理　6　刑事補償
- IV　犯罪被害者等の権利 ……………………………………………… 131
  - 1　伝統的な刑事裁判観　2　被害者保護の動き

Chapter 10　日本国憲法と権力の分立 ……………… 倉田　玲 …… 134
- I　自由主義と民主主義 ……………………………………………… 134
  - 1　自己決定と合意　2　人類普遍の原理
- II　立憲主義の最高法規 ……………………………………………… 137
  - 1　市民革命の成果　2　近代の立憲主義　3　天皇主権の時代
  - 4　なぜ最高法規か　5　権力分立の構造

Chapter 11　基本的人権と平和の保障 ……………… 倉田　玲 …… 152
- I　人権保障 …………………………………………………………… 152
  - 1　現代の人権　2　人権の特性　3　人権の主体　4　人権の

　　　　　　　　　　　　　　　　　　　　　　　　　　　　　　　　　目　次

　　　　限界　　5　人権の類型
　Ⅱ　平和主義……………………………………………………………………166
　　　　1　平和の権利　　2　戦争の放棄

Chapter 12　国際社会と法　平和と人権……………徳川信治……171
　Ⅰ　国際法と国際社会における関心事——戦争と平和 ………………171
　Ⅱ　国際社会でも大切なもの——平和と人権の実現に向けて………172
　　　　1　国際人権の前史　　2　第二次世界大戦勃発前における平和と個人
　　　　の権利　　3　第二次世界大戦と国連の誕生——平和と人権の不可分性
　Ⅲ　国際人権章典の誕生 ………………………………………………………177
　Ⅳ　国際的な人権監視——いかに人権を実施・実現していくか ………179
　　　　1　国連による人権実施措置　　2　人権条約上の実施措置
　Ⅴ　国際人権章典の影響 ………………………………………………………181
　　　　1　個別的人権条約　　2　地域的人権条約　　3　国内憲法への影響
　　　　4　国際社会にみる新しい人権——第三世代の人権
　Ⅵ　私たちの生活の中に人権を ………………………………………………183

Chapter 13　法の適用と解釈……………………………生田勝義……185
　Ⅰ　法の適用について …………………………………………………………185
　　　　1　法の適用とは　　2　法的推論と法的三段論法　　3　法適用の正
　　　　当性　　4　法適用の重畳性
　Ⅱ　法の解釈について …………………………………………………………190
　　　　1　法解釈の手法・技法　　2　法解釈の目的・対象　　3　法の継続
　　　　形成と裁判による法創造　　4　法解釈の主観性と客観性

事項索引

＊　関連図版・資料，章末の「EXAM 設問」に対する「解答のヒント」…Web ページ
　　法律文化社ホームページ（http://www.hou-bun.com/01main/01_04.html）
　　「教科書関連情報」にアクセス

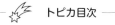**トピカ目次**

特定物ドグマ（22）　民法94条2項の類推適用論（33）　民法典起草の3博士について（66）　使用者による便宜供与（83）　量刑論（119）　代用監獄と取調べの可視化（130）　他害原理（harm principle）（138）　日の丸と君が代（163）　権利としての平和（167）　国際法と日本国憲法98条（178）　日本と世界人権宣言（183）　法典の構造と解釈の特徴（192）

Introduction

法学の学び方

●法学のミッション

　法学は，それを身につければ手っ取り早くお金を稼ぐことのできる，その意味で俗っぽい学問であるといわれることがあります。確かに，今日の経済社会が法というルールにのっとり動いていることに鑑みると，法学にはそのような実利性があるということができるでしょう。

　しかし，お金は幸福の一手段にはなり得ても人生の目的とするには寂しすぎます。人間としての喜びや楽しみは人により様々ではあってもとても豊かなものです。けれども，それらを実現しようとすればそれを妨げる様々な社会的な障害を取り除く必要のあるのが現実です。法学は，そのような障害を取り除き，豊かさをもたらすことのできる学問でもあるのです。民法学者として高名な末川博は言いました。

　「法の理念は正義であり，法の目的は平和である。だが法の実践は社会悪とたたかう闘争である。」

　私たちも，法学を学ぶことによってその高邁な使命と豊かな可能性を体得したいものです。

◆この章で学ぶこと◆

・法とはどのようなものなのでしょうか。
・法規範にはどのような種類があるのでしょうか。
・法源・国家法はどのように分類されるのでしょうか。
・法をどのように実現するのでしょうか。

Ⅰ　法とは何か

1　社会常識と法律

　法とは何か。このように聞かれてまず念頭に浮かぶのは，法律という言葉でしょう。これは，いかにも取り付きにくい印象を与える言葉だ。日常生活ではできるだけそれにかかわらないで済ませたい。そのように思う人も多いのではないでしょうか。

　しかし，私たちは，常日頃，法律が規律している関係を人々との間で取り結びながら生活しているのです。お店で買物をする，電車やバスに乗る，スマートフォンを使用するなどは，契約という法律行為によるものです。また，私たちは，窃盗や殺人があったとか，それらを警察が捜査中だということも，日々ニュース等で見聞きしています。どのような行為が窃盗や殺人という犯罪になるのでしょうか。犯罪を捜査するために警察はどのようなことを行えるのでしょうか。これらも，法律に従って決まるものなのです。

　そのような例からわかるように，法律はじつは身近なものです。それにもかかわらず，多くの人が法律は難しいと感じているのはなぜでしょうか。その理由は，法律を理解するには健全な社会常識とともに専門的な知識が必要とされることにあるといってよいでしょう。

　まず，その健全な社会常識とは，ある事柄について自分だけでなく相手を含め多くの人の知見を参考にできるということです。これは簡単なようでじつは意外と難しいものです。往々にして私たちは自分の都合や経験だけで判断しがちだからです。次の例を考えてみましょう。万引きをした16歳の少年がそれを咎めた店員を殴り重傷を負わせて逃走しました。この店員からすると，その少年は厳罰に処すべきだと思うでしょう。けれども，未熟で成長期にある少年に対し犯罪者というレッテルを貼ることは逆効果だとの知見があります。犯罪者のレッテルを貼ると，その少年は立ち直るどころかむしろ犯罪性を強めてしまうことが多いというわけです。厳罰化には犯罪を増やしかねない面もあります。そのことにも注意しながら，少年犯罪への対応を考えなければならないのです。

Introduction　法学の学び方

つぎに，今日の法律や法学は，様々な社会常識を踏まえ幾多の試行錯誤を重ねたうえで人々の守るべきルールを規範として定式化したものです。それには人類の知恵の結晶という側面があります。

なぜ「側面」なのかといえば，現実の法律の中には知恵としては一面的といわざるを得ないものもあるからです。法律にしても社会常識にしても，人類の進歩という観点からするとむしろ逆行だというべきものもあります。たとえば，かつて刑法に存在した，親殺しを子殺しや普通の殺人より重く処罰する尊属殺重罰規定や，同じく民法に存在した正式の婚姻外で生まれた子の相続分を半分にする規定が挙げられます。法の下の平等を定めた日本国憲法下でも，それらが法の下の平等に反するとして最高裁判所により違憲とされるまでには長い年月が必要でした。

ルールを規範として定式化するには，そのルールがすべての人に等しく妥当できるものという意味での一般性・普遍性，公正さ，ルールとしての安定性，さらには他のルールとの整合性を考慮しなければなりません。その結果，規範を扱う法律や法学には専門技術性が伴うことになります。ここに，法律を難しいと感じる理由があります。

しかし，上で述べたような，専門技術性が必要とされる理由をおさえておけば，法律や法学もわかりやすくなります。法律の基本的な考え方や原則をおさえておけば，あとはその応用・展開で解決できるわけです。ここに法学の学び方のコツがあります。

2　社会・ルール・規範

私たちはこの世に生を受けて以来，一人で生きてきたのではありません。人から食事を与えてもらい，暖をとるための衣服を着せてもらい，コミュニケーションに必要な言葉や知識を教えてもらうなどしながら，生きてきました。私たちは多くの人とかかわる中で，人々と関係を結び，集団的な共同生活の中で生存しています。共同生活を営む人々の一定の輪郭をもった集団を社会といいます。私たちは社会的存在なのです。

社会には人々がどのようにふるまうべきかを定めたルールが不可欠です。ルールは人々がどのように行動するかの約束事，つまり行動の準則です。約束ですから，ルールは人の頭の中に存在する観念的なものであるといえます。

ルールは，人々は「かくあるべきである」という形で示されることが多い。それに価値として尊重されるべきという要請の加わったものを規範といいます。理想的な価値として「かくあるべき」ということを「当為」ということがあります。そこで，規範は当為であると説明されることもあります。

規範は，行動の規準，ないし人間の社会的あり方についての規準，つまりは人々の約束事ですから，守られないこともあります。ですから，規範（当為）と実際の出来事（存在）とは区別しなければなりません。規範が確立しているところでは，規範に反する出来事が生じれば出来事を規範にあわせて変えようとする営みが行われます。規範が動揺している場合は，むしろ出来事に合うように規範を変えようとする営みが行われこともあります。たとえば，夫婦同姓が現行法ですが，希望すれば別々の姓を選べるようにする，選択的夫婦別姓の動きなどです。

3 社会規範と国家法

規範は人々の社会関係を規律する規準であることから社会規範ということができます。国家によって正統性を付与され権威づけられた規範である法（国家法）も社会規範の一種といえますが，近代国家では国家法とそれ以外のたんなる社会規範は区別されるべきものとされてきました。

国家法には合法的強制力を背景にして人々にその実行を迫るものという特徴があります。法規範に反して他人に損害を与えた場合，自分の意思でその賠償をしないとなれば，裁判手続を経てではありますが，国家により強制的に賠償させられることになります。また，他人を害したことが犯罪にあたれば国家により処罰されます。私人が他人からお金を無理やり取り上げたり，他人を無理やり逮捕・監禁することは許されないのですが，国家は法的手続を踏みさえすれば，それらを合法的に行えるのです。

そのような強制力が国家に許されているのは，強制力がないと社会を維持できないと考えられているからです。人間は本来，理性的存在であり，話せばわかり合える存在であるはずです。そうであるならばまた，人間社会を維持するうえで強制力はなくても済むはずです。ところが，現実の人間社会には様々な厳しい利害対立が残っているため，いまだ人々が理性的に話し合うことによって問題を解決できるようにはなっていません。最終的には強制力に頼って利害

対立を抑え込んでいるのです。その意味において国家法は人間やその社会の不完全性を前提にするものといってよいでしょう。逆に言えば，現実がそうであればこそ理念としての人間の尊厳の相互尊重が重要であるということになります。

規範というと国家法を思い浮かべる人が多いのではないでしょうか。けれども，日常生活で規範として受け止められているものの中には，社会規範にとどまるものもかなりあります。たとえば，自己所有の真新しい衣服を気にいらなくなったといって破り捨てることはどうでしょうか。そのことは，物を粗末にする浪費，つまり「もったいない」こととして倫理規範や道徳規範からは許されません。けれども，現在の法規範からすると，それは所有権に含まれる処分権という権利の行使であり，正当な行為なのです。

国家法と区別される社会規範は，倫理・道徳や風習といわれるものがあたります。近代国家では，国家法と倫理・道徳や風習とは区別されます。なぜなら，近代国家やその法はまず人々の自由や権利を保障するために作られたものと考えられているからです。思想・信条・良心の自由を保障する近代憲法の下では，道徳は各人の内面の問題として国家が介入してはいけないものとされます。法規範は人の内心の自由を侵害しないように表面的な人間関係を規律することになります。この関係を指して，法の外面性に対し道徳の内面性ということもあります。倫理や風習は，たんに内心にとどまることなく社会的な行動の規範ないしルールともなっています。これらは不文のものが多いのですが，特定の社会集団内部の自律規範（指針）として成文化されたものもあります（たとえば，放送倫理基本綱領や生殖医療ガイドラインなど）。これらと国家法が区別されるのは社会を維持するうえで必要とされる程度が高いために国家権力により正統性が付与されたものか否かにあります。近代国家ではそのように正統性が認められるためには原則として，その規範違反があれば他に害を与えたり，与えるおそれのある場合でなければならないとされます。たとえば，食事に招待してくれた知人宅を薄汚れた姿で訪問することは倫理的には許されないことであっても，国家法によって禁止することはできないというべきでしょう。これを他害原理といいます。*少々の迷惑行為や不快感を生じさせるにすぎない行為は礼儀作法やしつけの問題として人々が任意の関係で自主的に取り組むべきも

のとされました。そのような行為についてまで権力的解決に頼る，つまり「お上に依存する」ということでは，人々の創意工夫による社会の発展は期待できません。また，何が幸福かは人によって異なり，自分の幸福は自分が一番よく知っているわけですから，人々の生き方にまで国家が一律に介入し規制すべきではありません。

今日，国家法と道徳・倫理の区別をあいまいにする動きも有力ですが，それでは個人の生き方や思想・信条・良心の自由が制約されてしまうことに注意しておくべきでしょう。

なお，国家法につき法規範は「法的規準のうち，法律要件・法律効果ともに内容を明確に特定化し一般的に規定されたものをいう」と限定して解する場合もあります。

> ***法的規制の限界例**　　国家法の他害原理とかかわって，法的規制が許されるのか，それとも道徳・倫理に委ねるべきかが争われている問題があります。いくつかの例を挙げておきますので，考えてください。
> 　①欲しい人にワイセツな写真を売る行為，②マリファナのようなソフトドラッグの自己使用，③電車やバスの中での携帯電話の使用。

4　規範や法の歴史性

社会規範を説明するにあたり，近代国家やその法では国家法と倫理・道徳とは区別しなければならないと述べました。それは，社会規範や法が人類史を通じて同じなのではなく，時代とともに変遷してきたからです。また，これからも時代に応じて変化していくことでしょう。

たとえば，古代ギリシャ，ローマのような奴隷制が認められていた社会の法では，奴隷は人でなく物と同じとされました。また，日本の近世，いわゆる江戸時代の社会では，身分に応じて法的な扱いが異なりました。たとえば，武士身分の者が自らの名誉を傷つけた者をその場で斬殺することは，法的に禁止されていなかったのですが，他の身分の者にはそれは認められていませんでした。

それらに対し，資本主義社会に対応する近代国家の法では，人は生まれながらにしてすべて独立・自由な存在であるとし，法の下の平等を基本とするにいたりました。

もっとも，人は生来的に平等だとしながら，実際にすべての人の平等が実現されたわけではありません。米国では，独立宣言（1776年）の後も100年近く奴隷制が残されました。フランスの人権宣言（1793年）では，奴隷制を否定しましたが，フランスでも長らく女性や子どもの自由や権利は男性や成人に比べ大きく制約されたままでした。女性や子どもの人権保障の拡大は，20世紀に法的規範としては大きく前進しました。けれどもなお，それを実質化する課題が引き続き残っているのです。

　法の歴史性は個々の歴史段階ないし時期において法の是非を検討することを排除するわけではないでしょう。今日，すべての国家法が正しいわけではありません。私たちは正しくない法を批判し，正しい法の実現を求めることができるはずです。正しい法とは何かを追究するのが法学の重要課題のひとつというべきでしょう。

5　法規範の種類

[1]　**規律対象による分類**　法規範はその規律対象の違いに応じて行為規範，裁決規範および組織規範に分けることができます。

　「人を殺してはいけない」とか「人を助けなさい」のように，人々一般に特定の行動を禁止したり（禁止規範），命令したり（命令規範）する規範を，行為規範といいます。私たちが日常，法規範というのはこのタイプです。

　「人を殺した者は死刑……に処する」（刑199条）などのように，法的紛争を解決するために法を適用する者に向けてその適用の規準を示すものを裁決規範と言います。殺人罪に関する刑法199条にはその論理的な前提として「人を殺してはならない」という行為規範があるといわれるように，裁決規範の基礎には行為規範があるといってよいでしょう。

　行政組織など組織のあり方を定める規範を組織規範といいます。

[2]　**与えるものによる分類**　法規範には，人々に一定の権利や権能を賦与するものがあります。たとえば，「公務員を選定し，及びこれを罷免することは，国民固有の権利である」（憲15条1項），「集会，結社及び言論，出版その他一切の表現の自由は，これを保障する」（憲21条1項），「私権の享有は，出生に始まる」（民3条1項），「所有者は，法令の制限内において，自由にその所有物の使用，収益及び処分をする権利を有する」（民206条）。

それに対し，人々に一定の義務を課すものもあります。「国民は，法律の定めるところにより，納税の義務を負ふ」（憲30条），「すべて国民は，法律の定めるところにより，その保護する子女に普通教育を受けさせる義務を負ふ」（憲26条2項），「天皇又は摂政及び国務大臣，国会議員，裁判官その他の公務員は，この憲法を尊重し擁護する義務を負ふ」（憲99条），「呼出しを受けた裁判員候補者は，裁判員等選任手続の期日に出頭しなければならない」（裁判員の参加する刑事裁判に関する法律29条1項），不法行為をした者は生じさせた損害を賠償しなければならないとする民法709条など。

　人々がその自由と権利を守るために社会，国家，法を作っているのだとする近代的な考え方からしますと，権能付与規範が基本になり，個々人の自由や権利を保障するためにその反面として義務賦課があるというべきでしょう。それに対し，義務賦課規範を基本とする法秩序ですと，人々の自由や権利でなく，国家や共同体的な利益を重視し，それを基本にするものになるといえます。後者では，法規範は国家が人々に特定の行いを命令したり禁止したりするものが基本になり，また，国家的な法規範と近代的な考えからでは社会規範にとどまるべき道徳や倫理との融合が進行することになります。

　社会的な矛盾が大きくなると，とりあえず問題を力で抑え込もうとして義務賦課の法規範に頼ろうとしがちです。しかし，この方法は，肝心の社会的矛盾に手をつけないのですから問題を解決できません。そればかりか，この方法は人権をも危うくしかねないことに注意する必要があります。とりわけ，国家が人々の道徳・倫理観を問題視し，その規範意識を変えるための法規範を制定することは，基本的人権の中でも絶対的に保障されるべき思想・信条・良心の自由への介入となるおそれがあるといわざるを得ないでしょう。

Ⅱ　法源と国家法の分類

1　法　源

　法の淵源ということもあります。法源はいろいろな意味で語られますが，実際に適用されることのある法に関する学問（実定法学）において，法源とは，広い意味では法の表現形式または成立形式のことをいい，狭い意味では裁判の

規準をいうとされています。

　この意味の法源は，制定法と不文法に大きく分類され，また不文法には慣習法とか判例法とか条理などがあるとされます。

　制定法とは，法を制定する権能のある公権力（国家や地方自治体）が，定められた手続を経て法として宣言し施行するものをいいます。これには，立法機関である国会が制定する法律，その法律を受け内閣が制定する政令，各省が制定する省令，法律の範囲内で都道府県市町村の議会が制定する条例，などが挙げられます。

　制定法が条文の文理からすると相互に矛盾する場合があります。一国の法秩序は整合性のあるものでなければ，混乱してしまいます。そこで，法を解釈・適用するにあたり，個々の条文相互に論理的矛盾が生じないようにする解釈手法がとられます。それを論理的解釈ないし体系的解釈といいます。

　ところで，そのような解釈手法に頼る前に，矛盾した条文間の優先順位があらかじめ決まっていれば，問題は簡単に解決できます。そのための原則がつぎのものです。まず，上位法優先の原則です。省令より政令，政令より法律，法律より憲法が優先します。つぎが，同順位の制定法規相互間での後法は前法に優先するという原則です。後から制定された条文が優先します。さらに，特別法は一般法に優先するという原則があります。たとえば，商取引に関しては一般の取引に適用される民法より商法が優先するというものです。

　慣習法とは，長年にわたり社会の中で慣行とされてきたものを公権力が法として認めるものをいいます。山野への入会権などが挙げられます。「法の適用に関する通則法」3条により一定の場合，法律と同一の効力があるとされています。

　判例法とは，裁判において具体的な事件を解決する際に示された裁判所の規範的判断が先例として後の裁判を拘束する力を持つにいたったものをいいます。

　条理は，「事物の本性」とか「法の一般原則」と同じものであり，「信義誠実」や「社会通念」などの内容を確定する規準として重要な役割を果たすものとされています。その法的根拠は，1875年の太政官布告103号裁判事務心得3条「民事の裁判に成文の法律なきものは習慣により，習慣なきものは条理を推

考して裁判すべし」に求められています。

　国によって制定法を基本にするものと，判例法を基本にするものがあります。前者が成文法主義，後者が判例法主義と呼ばれます。フランス，ドイツは前者，英米は後者に属すといわれてきました。日本も成文法主義の国だとされています。判例は制定法を解釈して導き出したものであるにすぎません。それゆえ，判例が法律に関するものであっても，立法機関である国会でなく，司法機関，つまり法適用機関である裁判所がそれを変更することができます。そこで，判例は，法律とは区別され，立法ないし法源ではないとされるのです。

　けれども，制定法の条文を解釈するにあたり複数の理解が可能な場合，そのどちらを法と見るかという問題が生じます。実務で実際に採用された解釈が判例として積み重なり，また，裁判による法創造という事実が指摘される中，判例も法源にすべきだとの見解が有力になっています。

2　国家法の分類

　国家法はまず，日本国の主権に属する領域や人に適用される国内法と，日本国と他の国との法的関係を内容とする国際法に区別できます。

　国内法はさらに，公法と私法，実体法と手続法などに分類できます。

　公法には，刑法，行政作用法，刑事訴訟法，民事訴訟法などのように国家対私人の関係を規律するものと，国家行政組織法や国家公務員法などのように国家組織内部の関係を規律するものがあります。私法は，民法や商法のように私人対私人の関係を規律するものです。最近では，公法と私法が融合した社会法や経済法なども重要な位置を占めるにいたっています。

　実体法は，日常的な社会関係のあり方を規定する法で，刑法や民法などがあります。手続法は，刑事訴訟法，民事訴訟法，行政手続法などのように，実体法を実現するために必要な手続を定める法です。

　国際法には，長年の国際関係の中で形成された慣習国際法と主権国家同士で締結した条約国際法があります。日本では条約の締結は政府（内閣）によって行われますが，国民代表議会である国会の承認を得なければなりません。

　国際法と国内法の最上位にある憲法とでどちらが優位するかという問題があります。内閣や国会が憲法の枠内で行動しなければならないことからすると憲法に反する条約は締結できないはずです。けれども，他方で憲法が国際協調主

義に立つのであれば、自国の都合だけで国際法を無視することはできません。国際慣習法のようにすべての国家を拘束する一般国際法については国際法の優位を認めることになるでしょう。

Ⅲ　法の実現

1　法的紛争の自主的解決

　法が守られない事態が生じた場合，法を実現するためにはどうすればよいのでしょうか。

　人の幸福はその人自身が一番よく知っており，他人が無理強いするものではない，との考えによれば，法が守られないことで被害を受けたと思う人がその回復を求めて声を挙げ行動できるようになっていなければならないでしょう。加害者と思われる人に対して損害の賠償や今後そのようなことのないよう求めることができなければなりません。

　法の実現にあたっても，人々の自主的な活動を大切にし，保障すべきなのであれば，当事者による解決が可能である場合にはそれを優先させることが必要です。当事者同士が話し合い，交渉することで決着がつけばそれを尊重するということです。私人間の争いである民事紛争は基本的にそのようにして解決され，法が実現されることになります。

2　法的紛争の公的権威による解決

　ところが，私人間では決着がつかない場合，法の実現は公的な権威に頼ってなされることになります。公的権威の裁定に強制力のある場合と，その裁定を当事者が認める場合に拘束力が出てくる場合があります。民事裁判では，判決によるのが前者で，調停，仲裁，裁判上の和解などが後者にあたります。

　国などの行政機関による行政処分に異議のある場合には，行政機関を相手にする訴訟を起こし，行政事件訴訟法と民事訴訟法による裁判で法の実現が図られます。

　人々の間で何が法かにつき紛争は生じていないのだが，公的に法を確認しておく必要のある場合もあります。非訟事件手続法によるものがそれにあたります。

3　裁判外紛争解決手続

　正式の裁判となると，あまりにも事を荒立てすぎると考えたり，時間とお金がかかるということなどで，二の足を踏む人も出てきます。そこで，裁判よりもっと手軽に紛争を解決してもらう場が設けられています。これを裁判外紛争解決手続（Alternative Dispute Resolution。略して ADR）といいます。国民生活センターのように公的機関がそれにあたることもありますが，「裁判外紛争解決手続の利用の促進に関する法律」では民間 ADR 業務の認証制度も設けられています。

4　刑事裁判と行政処分

　法が守られないことで社会全体が損害を被るとか悪い影響を受けることになる場合があります。犯罪や行政法違反などです。ここでは，社会を代表して紛争解決を請求できる機関（検察官や官公庁行政機関）がまずその処理にあたることになります。この場合も，違反が軽微であれば注意等で済ますことになるでしょう。それにとどまらず強制力を行使せざるを得ないこともあります。この場合，行政法違反に対しては，所轄行政庁による免許取消しや中止命令等の行政処分がなされ，犯罪については刑事訴訟法に従い起訴し最終的には裁判所が刑罰を言い渡すことになります。

▶ EXAM 設問
　法的規制の限界につき，つぎの事例をもとに考えてみよう。
［問1］　法律によって，料理用の包丁を購入しようとする者に対し，購入するに際し，その販売者を通じて，氏名・生年月日・住所等の本人確認情報を公安委員会（警察）に届け出る義務を課することができるのでしょうか。
［問2］　その義務違反者に刑罰を科することができるのでしょうか。

【参考文献】
中川淳・大野真義編『新版　法律用語を学ぶ人のために』世界思想社，2007年。
佐藤幸治・鈴木茂嗣・田中成明・前田達明『法律学入門〔第3版補訂版〕』有斐閣，2008年，156頁～173頁。
末川博編『法学入門〔第6版補訂版〕』有斐閣，2014年。

コラム 「白黒をつける」ことの困難さ

「出るところに出て，白黒はっきりつけてもらおうじゃないか！」。争いごとがこじれたときにこのセリフが切り札的に用いられることがあります。現代の社会制度では，争いごと＝紛争の最終的な解決は裁判によりなされることとなっています。出るところ，とはもちろん裁判所であり，白黒はっきりつける，とは明確な判決が出されることを意味しています。

ここで裁判制度に期待されているのは2つ，明確な判断を下すこと，そして確定した判決内容を相手に突きつけ，従わせることです。これらの期待に応えるためには，しっかりした根拠に基づき，相当程度の客観性を持つ判決が示される必要があります。それを支える要素はいくつかありますが，以下の3つが代表的でしょう。

第1の要素は，法です。現在の裁判では，紛争事案につき，双方当事者の主張を踏まえ，法に基づいて判断を下すことが大原則です。したがって，法は現在の裁判制度において不可欠の存在です。民法をはじめとする無数の法に定められた具体的なルール，そして法には従わねばならない，という大前提となるルールが，先人たちの努力によって人々に共有されるようになりました。これにより，現代社会では裁判での判断がなされる際には法が最も重要な判断基準として機能しているわけです。

第2の要素は，証拠です。裁判は基本的に，事案に関係する"物体"や"人による証言や供述"などからなる証拠から，可能な限りの事実関係を解明し，それに基づいて裁判官が判断を行う，という流れで進みます。民事と刑事とで証拠の考え方に違いはあれども，信頼できる証拠に基づく判断が必須であることは現在の裁判制度の根幹です。厳正な証拠の取扱いが判決の信頼性を支えているのです。

第3の要素は，強制執行です。裁判に勝訴しても，紛争当事者がその内容に従わなければ得られるメリットは少ない。そのため，判決内容が守られない場合，勝訴者の申立てによって判決内容を強制することができる仕組みを設けることで，その効力が担保されます。あらゆるケースで勝訴側の請求が実現されるわけではなくとも，これによって相当程度，勝訴判決を得ることの実質的な価値が高められているといえます。

さて，現代では当たり前のこのような裁判の仕組みは，無数の人々の努力により実現されたものです。その意義を再確認するため，試みにそれがなかった日本の室町時代の裁判のあり方を，証拠の取扱いを中心に見てみたいと思います。

中世社会においては，紛争解決のための手段としての裁判がさほどの効力を有していなかったことが指摘されます。その理由として，法整備や強制執行体制の未熟などが挙げられますが，ここでは証拠制度のあり方が現在と大きく異なっているこ

とを示します。

　裁判に際して証拠を提出し，主張を正当化すること自体は当時も行われていました。具体的には，土地の由緒を記した証文，過去の判決文，昔の事を知る古老の証言などです。

　しかし，その内容は貧弱なものでした。証拠として提出される文書にねつ造がなされることは日常茶飯事で，それ自体の正当性がしばしば裁判の中で争われました。証人が法廷に出頭することはほとんどなく，証言はいかようにもねじ曲げられる可能性がありました。

　このように物的・人的証拠の厳密性が確保できない状況で自らの正当性をアピールするため，「神判」*，つまり自らの正当性を神に誓うという儀式が，証拠と同等の扱いで裁判に持ち出されることがありました。当時の代表的な「神判」の１つに「湯起請」があります。熱湯で満たした瓶の中の小石や泥を紛争の双方当事者に取らせ，火傷をしなかった側の正当性が証明されるとする儀式です。また，同様の発想で焼けた鉄棒や鉄片をつかませる「鉄火起請」と呼ばれるものも存在しました。

　神という超越した存在を喚び出して人の手による証明を超越しようとする発想は実に前近代的ですが，当時の人々の観念からすれば有効な正当性の証になったと推測することが可能です。しかし，科学的に考えれば，熱湯に手を入れたり鉄火をつかんだりして火傷をしないことなどあり得ません。そのため，火傷をさせないための詐術が行われていた，火傷という重大な身体的リスクを伴う手段を持ち出すことで相手の譲歩を引き出すことが目的だった，など，当時なりの合理性を指摘する見解も有力です。

　この方法の効力が実際どうだったかについては不明です。「神判」による決定後の経過を記した当時の記録が少ないためです。ただ，江戸時代初期，17世紀に画定された村落間の境界が，現在の神奈川市と川崎市との間の境界の一部となっていること，その画定が鉄火起請に基づきなされたという伝承が複数残っていることを考えると，場合によっては相当な効力を持ったといえるでしょう。

　しかし，逆に考えるならば，自らの正当性を示すためにこのような体を張った手段に出ざるを得ないほど，当時の裁判制度が貧弱だったともいえるでしょう。その後，明治時代の西洋法体系継受の後，現代につながる裁判制度の整備が急激に進められていくことになるのです。

　＊　「神判」に関する記述は，清水克行『日本神判史』（中公新書，2010年）を参照した。

【河野恵一】

Chapter 1

財産取引と法 I　契約

● 「民法」とは？

　皆さんの六法の中の民事法編の最初のところに「民法」という法律が収録されているでしょう。ここでは，民法が何を規律する法なのかを確認するために，さらに民法の目次を見てみましょう。民法は第1編総則，第2編物権，第3編債権，第4編親族，第5編相続という5編で構成されていることがわかりますね。この編列を見てわかるように，民法は財産取引の基本法として財産法の基本ルールを定めるとともに，婚姻，親子，相続などの家族をめぐる基本的な法律関係を規律する法，つまり〈財産と家族の基本法〉なのです。

　本書では，財産取引と法の基本問題を **Chpater 1** と **2** で取り上げ，**Chapter 3** で権利侵害の救済の問題，**Chapter 4** で家族法，**Chapter 5** で民法全体を貫く原則，その歴史的な意味を取り上げます。

　ところで，皆さんは，これまでの人生の中でどのような契約を結んだことがありますか。契約は契約書を交わすことがなくても成立します。お店で何かを買ったり，レンタル店でCDやDVDを借りたり，あるいはマンションを借りたり，映画を見たり，スポーツクラブでトレーニングをしたり，通学や通勤のためにバスや電車に乗ったり，これらはすべて契約を通じて実現されています。私たちの日常生活は様々な契約の締結とその繰り返しで成り立っているのです。

◆この章で学ぶこと◆

・契約はどのようにして成立するのでしょうか。
・契約には，どのような類型があるのでしょうか。
・契約が成立するとどのような効果が生じるのでしょうか。
・契約違反とはどのようなことをいうのでしょうか。

I　契約類型

1　典型契約

　民法は「契約」の章（第3編債権第2章）の第2節以下に，13の契約を規定しています。ここで規定された契約は，社会生活において最も基本的で重要な契約として規定されているもので「典型契約」といいます。

　最初の3つの契約，「贈与」（民549条），「売買」（民555条），「交換」（民586条）は，「財産権移転型契約」（財産権を移転することを目的とした契約）の類型です。このうち，贈与は対価を伴わない無償契約，売買，交換は対価を伴う有償契約です。

　その次に規定されている3つの契約，「消費貸借」（民587条），「使用貸借」（民593条），「賃貸借」（民601条）は，「利用型契約」で，人から物を借りて使う契約です。このうち，金銭消費貸借契約のように，借りた物を消費してよいが，同種同量の物を返す契約が消費貸借，借りた物をもとの状態にして返す必要がある契約が使用貸借，賃貸借です。たとえば，友達から消しゴムを借りる場合のように無償で借りる契約が使用貸借，レンタカーやマンションのように賃料を払って借りる有償契約が賃貸借契約です。消費貸借契約は特約で利息付とすれば有償契約，特約がなければ無償契約となります（民590条参照）。

　そのつぎの4つの契約，「雇用」（民623条），「請負」（民632条），「委任」（民643条），「寄託」（民657条）は，「役務提供契約」として，他人に役務を提供する類型の契約です。サラリーマンのように他人（使用者）の指揮命令に従って役務を提供する場合は雇用，独立して頼まれた仕事をする場合のうち，注文住宅で建設業者が家を建てる場合のように仕事の完成が義務となる場合が請負，弁護士が依頼者のために訴訟代理人として訴訟活動をしたり，医者が頼まれた手術をするように，結果の達成（勝訴，手術の成功）というよりも，結果達成に向けて最大限の努力をすることが義務づけられている契約が委任です（医者の手術のように事実行為の委託の場合は，準委任といいます。民656条）。寄託は他人から物を預かる契約です。これらのうち，雇用と請負は，使用者，注文者に報酬支払義務が生じる有償契約，委任と寄託は特約で報酬支払を定めなければ無償

契約となります。

そのほかに，民法は共同で出資して事業を営むための「組合」（民667条），終身の定期金を支払うことを約束する「終身定期金」（民689条），当事者が互いに譲歩して争いをやめることを約束する「和解」（民695条）の3つの契約類型を定めています。

2 非典型契約

現実の社会の中には，民法が規定する13の典型契約以外にも多様な契約があり，それらを非典型契約といいます。たとえば，皆さんが土地付の家を買おうと考えている。ある土地の前に「分譲住宅発売」と看板がたててありますが，土地だけあって建物はまだ建っていません。間取り図だけが看板に貼ってあり，「細部は注文によりお好みに仕上げます」とあります。「売り建て」と呼ばれる契約ですが，これは売買契約なのでしょうか，請負契約なのでしょうか。こういう場合の考え方としては，両者の契約の性質を兼ね備えた「混合契約」だととらえて，買主はどちらの契約の性質も主張できるとか，あるいは，売買でも請負でもない契約として，新たな性質をもつので契約の実態にそくした法的効果を導くべきだとか，いろいろと考え方が分かれ得ます。このような事態に備えて，契約で細かく内容を定めることも必要でしょうが，契約成立時にあらゆる事態を想定して，事細かく内容を定めることは困難な場合もありますから，そういう場合は，民法の典型契約の規定を手がかりにして解釈をする必要がでてきます。市民生活の中では，それ以外にも旅行契約や医療契約，携帯電話の契約など，様々な契約類型が存在します。

II 契約の成立・効果・終了

1 契約の成立

契約類型の中には，契約成立の方式として，売買契約のように契約の申込みと承諾があれば成立する「諾成契約」と，それだけでは足りず，目的物を引き渡して初めて契約が成立する「要物契約」とがあります。民法の典型契約の中では，消費貸借，使用貸借は要物契約です。民法の条文でそれぞれの典型契約の最初の条文の末尾を見てください。売買契約のように，「約することによっ

て，その効力を生ずる」と書いてある契約が諾成契約です。要物契約の場合は，消費貸借や使用貸借のように，「物を受け取ることによって，その効力を生ずる」と規定しています（民587条・593条）。

2 契約の効果

契約が成立すると，契約上の義務，すなわち「債務」が発生します。債務にはその契約の特質に応じた本質的な債務である「給付義務」，給付義務の履行を円滑に行うための付随的義務である「付随義務」，契約当事者が契約的関係に入ったことによって相手方の生命・身体・財産を侵害しないように注意する義務である「保護義務」などの類型があります。

このうち，民法が定める典型契約の給付義務は，それぞれの契約の冒頭の規定に示されています。たとえば，売買契約については，売主の財産権移転義務と買主の代金支払義務が定められていますが（民555条），これが売買契約上の給付義務となります。賃貸借契約であれば，賃貸人が目的物を賃借人に使用収益させる義務，賃借人が賃料を支払う義務が給付義務となります（民601条）。

売買契約上の付随義務としては，目的物の品質や使い方を説明する説明義務，冷蔵庫やエアコンのように，目的物を引き渡すだけでなくある場所にしかるべき設置が必要な場合の設置義務などが挙げられます。これらは民法に規定はありませんが，売買契約上の信義則上の義務と考えられます。売主が冷蔵庫を買主の家に届け設置するにあたり，間違って，買主の家の台所の壁を傷つけてしまったとか，あるいは買主が不用意に床に落としていた釘が冷蔵庫を運んできた売主の足にささり負傷したというような場合には，それぞれ，売主，買主の売買契約上の保護義務違反が問題となり得ます。なお判例は，労災・職業病や学校事故の領域等で雇用契約や在学契約の信義則上の義務として使用者や学校には労働者，生徒，学生に対して安全配慮義務のあることを認めています。安全配慮義務は，先ほどの保護義務とは違って，使用者，学校が負う義務であって，契約当事者双方が相手方に負う義務とは性質が異なります。

3 契約違反の効果——債務不履行

契約上の債務を実行しないと債務不履行となります。債務不履行には履行期に履行しない場合の「履行遅滞」，履行ができなくなった場合の「履行不能」，そして民法典には規定がありませんが，履行はしたが不完全な場合の「不完全

履行」の3つの形態が認められています。

　[1] 履行の強制　　債権者は契約で定められた「履行期」が到来すると債務者に債務の履行を請求できます。履行期には具体的に日時が確定している「確定期限」，梅雨があけたらデパートの屋上を貸すなどのように，不確定な事実の到来により履行期が決まる「不確定期限」，さらに期限を定めていない場合があります（民412条）。履行期になっても債務が履行されないと「履行遅滞」という債務不履行になります。債務が履行されない場合も，実力行使で履行を無理やり強制することはできません。これを「自力救済の禁止」といいます。履行の強制は一定の法的手続に従って行う必要があります（民414条）。

　履行の強制の方法としては，「直接強制」があります。たとえば，売主が売買目的物である甲壺を引き渡さない場合の最終手段として，民事執行手続に従い，執行官が甲壺のある場所に赴き，甲壺を差し押さえ，それを買主に引き渡すというような方法です（民執43条以下）。つぎに「代替執行」という方法があります（民414条2項，民執171条など）。たとえば，駐車場として土地を借りたのに，勝手に賃借人が倉庫を建てたとします。すると，これは賃借人の賃貸借契約上の用法順守義務違反（民616条・594条1項）という債務不履行になり，賃貸人はこの倉庫の撤去を請求できます。それでも，賃借人が倉庫を撤去しない場合には，民事執行の手続に従い，建物解体業者に頼んで倉庫を撤去してもらい，その撤去費用を後から賃借人に請求するという方法を使うことができます。これを代替執行といいます。

　さらに，直接強制も代替執行もできず，債務者が債務を履行しない場合には，一日いくら支払えと金銭の支払を命ずることによって，債務の履行を間接的に強制する「間接強制」という方法もあります（民執172条参照）。

　[2] 契約の解除　　債務者が債務を履行しない場合，債権者が契約を解除することも考えられます。前述した履行遅滞の場合は，債務を履行するよう催促し（これを「催告」といいます），それでも履行しない場合に解除できるのが原則です（催告解除。民541条）。売主が目的物を壊してしまい他に代替物がないような場合は「履行不能」という債務不履行になり，この場合は，催告しても無駄ですから，履行期に履行がなければ解除できます。なおこの点を規定した民法543条は債務者の帰責事由（故意・過失，ないしこれと信義則上同視できる事由）を

解除の要件としていますが，解除は契約の拘束からの離脱を実現するもので，そのときに債務者の帰責事由は不要であるという見解も有力で，民法改正論議（後述73頁参照）でもそのような提案がなされようとしています。

　[3] **損害賠償**　債務者が債務を履行しないことによって債権者に損害が生じた場合に債務者に帰責事由が認められる場合には，債権者は債務者にその債務不履行によって生じた損害の賠償を請求することができます（民415条）。債務者が債務の履行のために使用する者（たとえば売主である不動産会社の従業員など）は「履行補助者」といいますが，履行補助者の過失は原則として債務者の過失と同視されます。あらゆるものを金銭に換算できる便利さ（ときには生命侵害の場合の賠償のように金銭で換算するしかない）から金銭賠償が原則です（民417条）。債務者は帰責事由のある債務不履行から生じた損害につき損害賠償責任を負うことになります。たとえば，売主Aの所有する甲壺の代金を50万円とする売買契約で，買主Bは甲壺をぜひ欲しいというCに80万円で転売する契約をしていたとします。ところが，売買契約成立の後，引渡しまでの間にAがまちがって甲壺を壊してしまった。Aの帰責事由に基づく履行不能ですから，買主BはAに損害賠償を請求できます。この場合，Bは甲壺を50万円でAから購入し，Cに80万円で転売することにより，差し引き30万円の転売利益を得るはずでしたが，これができなくなりました。そうすると，BはAにこの逸失利益による損害30万円の賠償を請求することができるでしょうか。これは債務不履行による損害賠償の範囲の問題です。民法はこの点について，当該債務不履行から通常生ずる損害（「通常損害」）については，損害賠償の範囲に入るが，特別な事情から生ずる損害（「特別損害」）はその特別事情を予見可能であった場合にだけ，かつ，そのような特別な事情があったならば通常生ずる損害の範囲で賠償の範囲になると規定しています（民416条）。さらに判例は，特別事情の予見の主体は債務不履行をする債務者であり，その予見可能性の判断基準時は債務不履行をする時点としています。つまり，債務者が債務不履行をするとどれだけの損害が債権者に生じるかを予測し，その予測できた損害を自分が債務不履行責任によって負担するのと，債務を履行するのとどちらが得かを判断できるようにしようというわけです。なお損害の発生につき債権者にも落ち度があると過失相殺がなされ，賠償額が減額ないしゼロになること

があります（民418条）。

　[4] **瑕疵担保責任**　債務不履行責任と似ているようで少し性質の違う責任に「担保責任」があります。売買契約の規定のところで，民法は売主の担保責任として，売買目的物の全部ないし一部が他人の物で，買主が全部ないし一部の所有権を取得できなかった場合の責任（民560条以下。これを「追奪担保責任」ということがあります），数量不足の場合の責任（民565条），用益的制限がある場合の責任（民566条）などを定めています。とくに重要なものに，売買目的物に隠れた瑕疵（欠陥）がある場合の瑕疵担保責任があります。たとえば，家を買ったら，雨漏りがする，床が傾いてきたというような欠陥住宅であった場合，買主は売買目的物に隠れた瑕疵があったとして，瑕疵担保責任を追及できます。具体的には，この隠れた瑕疵によって売買契約の目的を達成できない場合（典型的には，もうこの家には住めないようなひどい欠陥がある場合）には契約を解除して払った代金の返還を請求できます。また，損害が生じた場合には損害賠償責任も追及できます（民570条・566条）。

　債務不履行責任と瑕疵担保責任はどこが違うかといいますと，前者は過失責任として債務者に帰責事由が必要であるのに対して，瑕疵担保責任は債務者の過失を必要としない無過失責任であるという点です。なお売買契約の規定は，性質の許す限り他の有償の双務契約に準用されます（民559条）。ですので，レンタルビデオ屋で借りたDVDのデータが壊れていて見れなかったというような場合は，賃貸人の瑕疵担保責任に基づき，レンタル契約（賃貸借契約）を解除して，レンタル料を返還してもらうことができます。

　また，請負人に仕事完成義務が負わされている請負契約にも特有な瑕疵担保責任の規定があります。売主の瑕疵担保責任の法的効果は解除と損害賠償であるのに対して，請負人の瑕疵担保責任の特徴は修補請求および修補請求に代わる損害賠償ができる点にあります（民634条）。注文した住宅が欠陥住宅のような場合には，瑕疵が重大で建替えが必要な場合は建替費用相当額の賠償も認められます。

　[5] **危険負担**　甲壺の売買契約で，売主Aが買主Bに引き渡す前に，甲壺が地震で壊れてしまったという場合はどうなるでしょうか。確かに売主Aが負っている甲壺の引渡債務が履行不能となってしまいましたが，Aには帰

トピカ　特定物ドグマ

売主の担保責任は売買目的物が「特定物」の場合にのみ成立し，「信頼利益」の賠償しか認められないという考え方を「特定物ドグマ」（ドグマとは独断的な考え，教条のこと）といいます。「特定物」とは，契約の当事者がその物の個性に着目して契約の目的物としたもので，○○マンションの302号室とか，2つとない骨董品の壺などがそれにあたります。これに対する概念が「不特定物」で，契約当事者がその物の個性にではなく，種類・品質・数量などに着目して契約の目的物としたもので，たとえばビール1ダースの配達を頼むような場合の目的物のことです。

特定物を売買目的物とすると，その物を引き渡す義務があり，しかも，引渡し時の現状で引き渡す現状引渡主義がとられています（民483条）。そこで，「特定物ドグマ」に立つ「法定責任説」という見解は，たとえば特定物に隠れた瑕疵があっても引渡し時の現状で引き渡せばよいのだから，隠れた瑕疵ある物を給付しても引渡債務は履行したことになる，しかしそれでは瑕疵のない物と同じ代金を払わされる買主にとって不公平なので，とくに法が定めた（＝法定）責任が瑕疵担保責任であると解するのです。その取引においては，隠れた瑕疵のない物は観念できないので，隠れた瑕疵のない物が給付されたら得られたであろう利益（これを「履行利益」といいます。たとえば転売利益など）は賠償範囲に含まれず，瑕疵のない物と信頼して出費した分（これを「信頼利益」といいます）のみが賠償範囲に含まれると考えます。他方で，不特定物に隠れた瑕疵があれば追完請求，すなわち，同種の物を決められた数量引き渡せと履行請求すれば足りるので瑕疵担保責任の規定は適用されないと解すのです。これに対する見解が「契約責任説」と呼ばれるもので，特定物であろうと「瑕疵なき物を給付する義務」が売主にあると解し，隠れた瑕疵ある物の給付は債務の本旨に従った履行でないから債務不履行であると考えます。ただ，取引の安全から権利行使の期間を限定して（隠れた瑕疵を知った時から1年―民570条・566条3項），無過失責任を課す特殊な債務不履行責任が瑕疵担保責任であると考えます。この見解によれば瑕疵担保責任は債務不履行の一種ですから，損害賠償の範囲は民416条に従い履行利益も含まれます。

判例は，不特定物の場合も隠れた瑕疵あるものの引渡しを「履行として認容」すれば瑕疵担保責任を問えるとし（最判昭和36・12・15民集15巻11号2852頁），また，担保責任に基づき特段の事情があれば履行利益の賠償も認めるとしていますので（最判昭和57・1・21民集36巻1号71頁），少なくとも純粋な法定責任説には立っていません。後述の法制審議会の民法改正議論においては，契約責任説的な考えの採用が議論されています。

責事由はありません。したがって，売主Aに債務不履行責任は発生しません。また，隠れた瑕疵によって甲壺が壊れたのでもないとすると，売主Aに瑕疵担保責任も生じません。ですから，買主Bは履行不能であるからといって，売買契約を解除することができません。それでは，目的物は壊れて履行が不能となった場合に，その対価である代金はなお買主が負担しなければならないのか（これを認める考え方を対価危険の「債権者主義」といいます。この債権者とは履行不能となった引渡債務を基準にした債権者ですから買主のことです）。これと反対に，履行不能となった債務の反対債務も消滅させるのが「債務者主義」という考え方で，これによると代金債務も消滅することになります。

民法典は，特定物の売買契約の場合に，債権者主義をとっていますので（民534条1項），字義通りに解すと，買主は目的物が壊れて引渡しを受けられないのに，その反対債務である代金支払債務は残り，代金を払わなければならなくなります。理論的には，売買契約成立時点で，目的物の所有権は買主に移転し，「所有者が所有物の危険を負担すべき」という考えから買主が危険を負担すべきであるという説明がされたりもしますが，買主にとってこの結論は酷ともいえます。そこで，学説は，目的物が引き渡された時に，初めて危険が売主から買主に移転するという危険移転の引渡し時説が有力に唱えられています。この考えによると，甲壺は，売主から買主に引き渡される前に壊れてしまったので，代金支払のリスク（危険）は，まだ，買主に移転しておらず，したがって，買主は代金支払義務を免れることになります。

Ⅲ 契約の主体

ところで，判断能力が十分でない者も自由に契約を締結できることにすると，契約上の債務が生じますので，思わぬ負担を負ってしまうことになりかねません。自由には責任が伴うわけです。財産取引をできる資格を法律用語で「能力」と名付けています。

1 権利能力・人・法人

まず権利の主体となる資格を「権利能力」といいます（民法第1編第2章第1節参照）。後述の近代民法の3原則（**Capter 5** Ⅱ参照）のところで説明している

ように，現行法では，「人」はみな平等に権利能力を有します。ここで注意しなければならないのは，民法でいう「人」には，「人間」（自然人といいます）と，「法人」（民法第1編第3章参照）の2種類を含んでいることです。法人とは権利能力のある団体のことをいいます。団体が権利能力をもつということは，その団体（法人）の名前で権利を取得し，取引をすることができるということを意味します。株式会社は法人ですから，その株式会社の名前で，たとえば土地の売買契約を結んで，土地の所有権を取得することができます（〇〇株式会社の所有地）。法人には「社団法人」（総会を構成し，法人に対して議決権を構成する社員＝株主等により構成される団体），「財団法人」（特定の目的のために拠出された基本財産を運用する団体）とがあります。また営利を目的とする「営利法人」，非営利の「非営利法人」，その中間の「中間法人」などの分類があります。営利法人・社団法人である「会社」についての詳細は「会社法」という特別法が規定しています。その他，「一般社団法人及び一般財団法人に関する法律」が一般的な規定をおいています。サークルや同窓会，学会などのように法人の資格は備えていないけれど，個人の財産とは区別される団体独自の財産があるような場合には，「権利能力なき社団」として，取引上負う債務は，その団体の資産を越えて，団体の所属員が個人的に債務を負担することにならない場合があります。

2 意思能力

法律関係を意思に基づいて形成し，その結果の法的意味を判断できる能力を「意思能力」といいます。たとえば，3歳の幼児が，父親からプレゼントされた1万円のぬいぐるみを10円で売ってあげるといっても，そのことの法的意味を理解しているわけではないでしょう。また，酩酊した泥酔者が，自分の10万円する腕時計を100円で売ってやると叫んでいたとしても，自分の言っていることがわかっているのかということになります。民法で明文の規定があるわけではありませんが，意思能力のない者による，あるいは意思能力のないときになした法律行為は無効と解されています。これは，人が法律行為に拘束されるのは，その人の自由な意思の結果であるから，すなわち，〈自己決定＝自己責任〉という思想が根底にあるからです。

3 行為能力

単独で法律行為をしてその法的効果を自己に帰属させることのできる能力を「行為能力」といいます。民法は財産上の取引行為をするのに判断能力が十分でない者について、その行為能力を制限して「制限行為能力者」して、自らの意思でなした法律行為であってもそれに完全に拘束されることを制限しています。それと同時に一定の者を保護者として指定しています。制限行為能力者は、「未成年者」(民4条—20歳未満の者)の他に、申立てを受けた家庭裁判所によって、精神上の障害により事理を弁識する能力を「欠く常況にある」場合に「成年被後見人」(民7条)、「著しく不十分である」場合に「被保佐人」(民11条)、「不十分である」場合に「被補助者」(民15条)として審判を受けた場合に、それぞれ一定の行為能力が制限され、「成年後見人」「保佐人」「補助者」という保護者がつけられます。

4 代　理

法律行為は必ず本人が直接に行う必要はありません。たとえば訴訟行為を弁護士に依頼して行ってもらう場合のように、本人の代わりに代理人が法律行為を行うことができます。代理人がなした法律行為の効果が本人に有効に帰属させるためには、代理権が授与されていること(「授権」)と、代理人が本人のためになす行為であると表示すること(「顕名」といいます)が必要です(民99条)。有効な代理権に基づき、与えられた代理権の範囲で本人のために代理がなされた場合は、「有権代理」として本人に有効に効果が帰属します。本人AがBにAが所有する不動産を売却する代理権を与え、BがAの代理人として、Aの不動産を取引の相手方Cに2000万円で売りたいと申し出、Cがこれを承諾すると、AとCの間に売買契約が成立します。このとき、Bが実はAからそのような代理権を与えられていないとすると「無権代理」ということになり、本人Aが追認しない限りAC間に売買契約は成立しません(民113条)。ただし、無権代理であっても、取引の相手方からするとあたかもBにAの代理権があるように見えてしまい、その代理権のあることを信頼した場合には、「表見代理」が成立して、本人に代理の効果が帰属することがあります。民法はそのような表見代理として「代理権授与の表示による表見代理」(民109条)、「権限外の行為の表見代理」(民110条)、「代理権消滅後の表見代理」(民112

条)の3種類を規定しています。

Ⅳ 契約の有効性

行為能力のある者が契約を結んでも、その有効性が否定される場合があります。

1 意思の不存在(欠缺)・瑕疵ある意思表示

ひとつは、法律行為をなすについてなされた意思の表示(「意思表示」)に問題がある場合です。

[1] **意思の欠缺**　意思表示をなしてもそのような表示をすべき意思が欠けている場合には、意思の不存在(欠缺)として法律行為が無効とされます。そのような類型として、「心裡留保」(真意でないのにある意思を表示する。民93条)、「通謀虚偽表示」(通謀して虚偽の意思表示の外形を作出する。民94条)、「錯誤」(内心の意思と表示が不一致の場合。民95条)の3類型があります。

[2] **瑕疵ある意思表示**　詐欺または強迫によってなされた法律行為は取り消すことができます(民96条)。取消しの結果、契約時に遡って無効となります(民121条)。無効の主張には期間の制限がありませんが、取消権の場合は、追認ができる時(詐欺に気づいた時、強迫を免れた時)から5年間、行為の時から20年という期間制限があります(民126条)。なお、詐欺による意思表示の取消しは詐欺の事実を知らない善意*の第三者には対抗できません(民96条3項)。騙された者よりも取引の安全を保護するわけです。

> *「善意」と「悪意」　民法で「善意」とはある事実を知らないことを意味します。これに対して「悪意」とはある事実を知っていることです。日常用語と違って、良い、悪いという評価は含まれませんので注意が必要です。

2 法律行為の内容

[1] **不能な契約**　そもそも実現不可能な契約は無効です。たとえば、100mを2秒で走れたら、100万円を贈与するという契約を書面で行っても、人間がそのようなスピードで走ることは不可能ですから、不可能なことを停止条件*とした契約として無効です(「不能条件」。民133条1項)。

＊「停止条件」と「解除条件」　　条件が実現すると法律行為の効果が発生するような条件を停止条件といいます。これに対して，条件が実現すると法律行為の効果が失われる条件を解除条件といいます（民127条）。

［2］強行規定違反　　その規程に違反すると法律行為が無効となるような規定を強行規定といいます。たとえば，売買契約で「売主は隠れた瑕疵があっても一切責任を負いません」という特約があったとしても，民法は隠れた瑕疵があることを知って売主が目的物を売った場合には瑕疵担保責任を免れず，これに違反する特約は無効であることを規定しています（民572条）が，このような規定が強行規定です。

［3］公序良俗違反　　公の秩序，善良な風俗に違反する法律行為は無効です（民90条）。殺人を依頼する契約や，人身売買契約などが公序良俗違反にあたります。

▶ EXAM 設問
［問1］　皆さんのこれまでの人生の中で，どのような契約を結んだことがあるでしょうか。
［問2］　民法における「能力」とはどのようなものですか。
［問3］　無効と取消しの違いはどこにありますか。

【参考文献】
笠井修・鹿野菜穂子・滝沢昌彦・野澤正充『はじめての契約法〔第2版〕』有斐閣，2006年。
池田真朗『民法はおもしろい』講談社現代新書，2012年。

Chapter 2

財産取引と法Ⅱ　不動産と動産・金融取引

●取引の目的物・金銭の貸し借り

　不動産の二重譲渡という言葉を聞いたことがありますか。同じ不動産を二重に売るなどということがなぜ可能なのでしょうか。市民が住宅を取得するときに住宅ローンを組んだりしますね。また大学の学費のためのローンなどもあります。経済活動では，資金を調達するために金融機関から融資を受けるということは，ごく普通のことです。問題は，借りたお金を返せない場合にどうなるか，また，そのような事態に備えて貸し手はどうしたらよいのかという点にあります。

◆この章で学ぶこと◆

・不動産と動産とは何でしょうか。
・不動産や動産の所有権を第三者に主張するには何が必要なのでしょうか。
・占有権とは何でしょうか。
・マンションの法律問題にはどのようなものがあるでしょうか。
・担保とはどういうことなのでしょうか。

Ⅰ　物権と法

1　不動産と動産／物権と債権

　財産取引の対象となる「物」（ぶつと言う人もいますが，ものと読んでも結構です）には動産と不動産があります。前述したように，不動産は，土地と建物です（民86条1項）。日本では土地と建物が別々に権利の対象となります。動産は，不動産以外の物です（同条2項）。ペットショップで猫を買ったという場合，猫は，売買契約の目的物である動産ということになります。

ところで民法第2編の物権は，不動産や動産という物に対する権利について，様々な規定をおいています。物に対する権利を「物権」といいます。特定の人（債務者）に特定の行為を請求する権利である「債権」は「対人権」といわれますが，物権は，誰にでも主張できる権利なので，「対世権」といわれます。

物権を持っていることを契約当事者以外の第三者に主張するために必要なのが「対抗要件」といわれるものです。動産の場合は「引渡し」ですが（民178条），これには「現実の引渡し」の他に，「簡易の引渡し」（借りている物を貸主からもらう場合，意思表示だけで引渡しがなされます。民182条2項），「占有改定」（店で物を買ったあとで，預かってもらうような場合，売主の占有は買主のための「代理占有」になります。民183条），「指図による占有移転」（倉庫会社に預けたものを売却したような場合，売主のための代理占有から買主のための代理占有となります。民184条）があります。不動産の場合は後述の「不動産登記」が対抗要件です（民177条）。ちなみに債権も譲渡できるのが原則ですが（民466条1項），特定の者に対する特定の者の債権（これを「指名債権」といいます）の第三者に対する対抗要件は「確定日付ある証書」（公正証書や内容証明郵便など─民法施行令5条）です（民467条1項）。同一の物や債権が二重に譲渡された場合は，先に対抗要件を具備した物が物権ないし債権を取得します。

2 物権の種類

［1］**占有権と所有権**　私の物は私が自由に使用・収益・処分できるのが原則です。このような権利が「所有権」です（民206条）。ある物の所有権が誰に帰属しているのかは，簡単にはわかりません。たとえば，喫茶店に絵が飾ってあったとして，それがその喫茶店の所有する絵であるのか，借りた絵なのかは見ただけではわかりません。そこで，民法は，「所有権」とは別に「占有権」という概念を作り出しました。占有していた物が奪われた場合には，所有権があるかどうかとは独立に，占有物を返せと請求できる権利が生じます。これを「占有回収の訴え」といいます（民法200条）。それ以外に，占有の侵害に対しては占有を妨害された場合にそれを排除する訴えである「占有保持の訴え」（民198条），占有を妨害されそうな場合にその妨害を予防する「占有保全の訴え」（民199条）があり，この3つの訴えをまとめて「占有訴権」と呼んでいます。占有訴権は，このように物の支配に対する事実状態を保護することによって，

所有権の証明の困難を緩和し，法的な安全を図る制度ということになります。そして，占有権に対して所有権は「本権」といわれます（民202条）。

　所有権の取得は，売買契約や贈与契約で目的物の所有権を取得するように前主（前の持ち主）から所有権を「承継取得」する場合と，長年にわたり他人の物を占有して「取得時効」により所有権を取得する（占有の始め他人の物と知らない善意者は10年，悪意者は20年―民162条），最初に動産を占有したことにより所有権を取得する「無主物先占」（民239条。海で魚を釣ったらその人のものになるなど）や「埋蔵物発見」（民241条）など，前主の権利を承継するのではなく，法制度によって初めから所有権を取得する「原始取得」があります。原始取得の原因としては，後述する「即時取得」の他，他人の物が付加された場合に所有権を取得する場合の「添付」という制度として，「付合」（民242条以下），「混和」（民245条），「加工」（民245条以下）などの規定があります。

　［２］用益物権と担保物権　　物権には，占有，所有権以外にも物を利用するための物権である「用益物権」と「担保物権」があります。担保物権は，後述の金融取引と法で説明します。

　「地上権」は他人の土地において工作物または竹木（ちくぼく）を所有するため，その土地を使用する権利のことです（民265条）。不動産を借りる場合には，通常は賃貸借契約が使われます。地上権は，地下または空間で工作物（地下鉄，地中ケーブル，モノレール，電線等）を所有するため範囲を定めて地上権の目的とすることもでき（「区分地上権」），それぞれ「地下地上権」，「空中地上権」などといいます（民269条の２）。「地役権」（ちえきけん）は，設定行為で定めた目的に従い，他人の土地を自己の土地の便益に供する権利です（民280条）。よく見られるのが，他人の土地を通った方が公道に出るのに近い場合に，その他人の土地を通らせてもらうために設定する通行地役権です。便益を受ける土地を「要役地」（ようえきち）（民281条１項），負担を負う土地を「承役地」（しょうえきち）（民285条１項）といいます。なお民法は，隣接する土地所有者間の利益を調整するために「相隣関係」（そうりん）という規定をおいています。その中では，公道に面していない土地を囲繞地（いにょうち）といいますが，囲繞地所有者は，公道に出るため，その土地を囲んでいる他の土地を通行することができ，これを「囲繞地通行権」といいます（民210条以下）。これは法律上の要件を充たせば当然発生する通行権で，契約によって設定する通行地役権と

は性質が異なります。地役権は，継続的に行使され，かつ，外形上認識することができる場合に時効取得されることがあります（民283条）。その他，用益物権には他人の土地を借りて農業をする場合の「永小作権」（民270条），村所有の山林に村の住民が立ち入って木を伐採することができる慣習があるというような場合に認められる「入会権」があります（民294条）。

II 動産の物権変動と即時取得

動産取引の安全を図るために重要な制度に「即時取得」という制度があります（民192条。「善意取得」ということもあります）。たとえば，A喫茶店に飾ってあった絵はAがB画廊から30万円で購入したものでしたが，たまたま来店したCが，これは私の家からDが盗んで勝手にB画廊に売却したものだと主張し，その事実が確認されたとしましょう。返してくれと主張するCに対してAはどうしたらよいでしょうか。

仮にCさんが言うように，この絵がDに盗まれた物であるとすると，所有物が盗まれたからといって，所有権が盗んだDに移転するわけではありませんから，絵の所有権はCさんに帰属したままです。すると，B画廊は絵の所有権がない無権利者であったことになります。無い権利を移転することはできませんから，B画廊からこの絵を買ったAさんも無権利者ということになってしまいます。しかし，ここでCさんからAさんへの所有権に基づく返還請求が認められると，Aさんの「取引の安全」（「動的安全」ともいいます）が害されてしまいます。そこで，Aさんは，仮に自分が無権利者であるとしても，B画廊が占有する絵を売買契約を通じて取得し，引渡しを受けたのであるということを主張・証明すると，「即時取得」によって所有権を取得したといえるのです。この場合の所有権の取得は，売主Bから所有権を承継したのではなく，無の状態から取得したという意味で「原始取得」といいます。

このように即時取得は，取引行為によって占有を取得した者の取引の安全を保護する制度ですが，この絵を盗まれたCさんにとっては，Aさんの即時取得の反射的効果として，所有権の喪失を招く結果となります。元所有者であるCさんにとっての法的安全（こちらの安全を「静的安全」といいます）はどうなる

のでしょうか。じつは、「即時取得」には例外があります。即時取得が主張されている目的物が、盗品や遺失物である場合には、被害者または遺失者は、盗難または遺失の時から2年以内であれば、占有者に対してその物の回復を請求できるのです（民193条）。ただし、占有者が盗品または遺失物をお店で買ったりした場合には、占有者が支払った代価を弁償しないと、その物を回復できません（民194条）。ですので、Cさんは盗まれた時から2年以内であれば、AさんがB画廊に支払った代金30万円をAさんに弁償してこの絵を返してくれと請求でき、2年を過ぎてしまっていたら、そのような請求はもうできないということになります。

III　不動産の物権変動

Aが所有する土地・建物（これを甲不動産とします）をBに3000万円で売却し、代金も支払い、引渡しもしたが、Cが甲不動産を4000万円で買いたいというので、AはCに甲不動産を売却する契約を締結し、代金を受領したというように、同一の不動産が二重譲渡（二重売買）された場合に、第1買主Bと第2買主Cのどちらが所有者となるのでしょうか。この場合、BとCはいずれも自分が所有者であると主張していて、このようにお互いに両立しない権利を主張し合う関係を「対抗関係」といいます。対抗関係にある者の優劣は、対抗要件の具備をどちらが先にしたか、すなわち、どちらが先に不動産所有権の移転登記をAから得たかによって決まります（民177条）。ですから、先にBが甲不動産の引渡しを受けていたとしても、先にCが登記を具備すればCが所有者となります。この場合、Bさんは、売主のAさんの売買契約上の債務である所有権移転義務の履行不能を理由に、契約を解除して支払った代金の返還を請求するとともに、被った損害（たとえば、無駄になった引越代など）の賠償を請求することになるでしょう（民415条・543条）。

このように不動産物権変動は先に登記を具備した者が勝つということなのですが、判例・通説は重大な例外を認めています。それが「背信的悪意者排除論」というものです（最判昭和43・8・2民集22巻8号1571頁）。たとえば、CはBが先にAとの間で売買契約を結んで、乙建物の引渡しも受けていることを

>
> **トピカ　民法94条2項の類推適用論**
>
> 　日本で登記に公信力（登記通りの効果を生じさせる力）がない点を補う機能をもたされているのが民法94条2項の類推適用論です。たとえば，Aが節税対策で，所有する不動産の名義を無断で息子のB名義にしておいたところ，後でこれを知ったBがこれをよいことに，この不動産を登記簿でBが所有者と信頼しているCに転売して登記も移転したとします。AB間に通謀があればAB間の売買は仮装売買として通謀虚偽表示となり，Aは虚偽表示の無効を善意の第三者Cに対抗できません（民94条2項）。この例では，AB間に通謀はありません。しかし，判例・通説はこのような場合でも，真実の権利者Aには，自らの意思的関与によって虚偽の外形を作り出したという帰責性があり，他方で，Cは登記簿を信頼して取引に入ったことから，その信頼を保護するために民法94条2項を類推適用して，AはAB間の売買契約の無効をCに対抗できないとしてCを保護しています（最判昭和45・7・24民集24巻7号1116頁等）。結果的に登記簿を信頼した第三者が保護されるので，登記に公信力がない現状を補っているといえます。

充分承知の上，Bに対する嫌がらせのみを目的として，二重に同じ不動産を買い受け，先に登記を具備したというような事情があると，CはBとの関係では，信義則に反する背信的な悪意者であるとして，このような背信的悪意者は登記がないと所有権を対抗できない「第三者」から排除され，Bは登記なくしてCに対抗できることになります。

Ⅳ　不動産の賃貸借をめぐる法律関係

1　賃貸人・賃借人の権利・義務

　賃貸マンションの法律関係は不動産の賃貸借契約です。賃貸人は賃借物を賃借人に使用収益させる義務を負い，賃借人は賃貸人に賃料を支払う義務を負います（民601条）。賃貸借契約は継続的な契約である点に特徴があります。この特徴に照らして判例上発展させられてきたのが「信頼関係破壊の法理」というものです。これは，たとえば賃借人がマンションの家賃を1か月滞納したからといって賃貸人が賃借人の債務不履行を理由とした解除をしようとしても，いまだ当事者間の信頼関係を破壊していないとして信義則に基づき解除を制限す

る法理です。

2 転貸借関係

たとえば，マンションの賃借人が海外転勤などで遠方に住む必要がでてきたが，3年後にはまた戻ってくるので，今のマンションの部屋を他人に貸して，戻ってきたらまた自分が使いたいというような場合に，この部屋を転貸借（また貸し）することが考えられます。賃貸人はその賃借人を信頼して賃貸借契約を結んでいるのですから，賃貸人に無断で転貸借をすることは禁じられていますので，これに反すると債務不履行として解除原因となります（民612条）。ただし，無断で転貸借がなされても賃料は今まで通りきちんと支払われ，使用方法にも問題はないというような場合には，信頼関係の破壊がないとして解除が制限される可能性はあります（最判昭和28・9・25民集7巻9号979頁）。

さて，賃貸人の承諾があるような転貸借契約において，転借人は転貸人（賃借人）に賃料を支払っているのに，賃借人が賃貸人に賃料を不払している状態が続いたりしますと，賃貸人は賃借人に対して債務不履行による解除権を行使できます。判例は，この場合，賃貸人は転借人に対して賃料の支払を催告する必要はなく，転借人に対して賃貸目的物たる建物の明渡しを請求することができ，この時点で，転貸借契約は履行不能となり終了するとしています（最判平成9・2・25民集51巻2号398頁）。

3 賃貸目的物の修繕・賃貸借契約終了時の原状回復

借りているマンションの部屋に付属しているガス湯沸かし器が壊れてお湯が出なくなったなど，賃貸目的物の修理が必要となった場合は，原則として賃貸人が修繕義務を負います（民606条1項）。急を要するので，賃借人が修理を業者に頼み，その際支払った修繕費は，目的物の保存に必要な費用である「必要費」として，直ちにその償還を賃貸人に請求できます（民608条1項）。日差しが強い部屋の窓にUVカットのためのシールを貼ったというような場合，物の効用を高めたので「有益費」を支出したことになります。有益費については，賃貸借契約終了時に，その価格の増加が現存する場合に，賃貸人の選択により，賃借人が支出した金額または増加額を賃貸人が償還する義務が生じます（民608条2項・196条2項）。なお賃借建物に畳やふすまなどの建具その他の造作を賃貸人の同意を得て付加した場合には，賃貸者契約終了時にその時価で賃貸

人が買い取るよう請求する権利が賃借人に認められていて、これを「造作買取請求権」といいます（借地借家33条）。

V　金融取引と法

　金銭を融資する金融取引においては、債務者が返済できない場合に備えて、担保をとることが重要となります。ここでは、その担保をめぐる法制度を概観します。

1　物的担保

[1]　典型担保　　物を担保に取る場合に「物的担保」といい、物的担保に設定される貸主の権利を「担保物権」といいます。民法は「担保物権」として、以下の4つの類型を定めていて、それらを「典型担保」といいます。このうち、法が定める要件を充たすと自動的に成立する担保物権を「法定担保物権」、契約によって設定される担保物権を「約定担保物権」と呼びます。

(a)　法定担保物権　　「留置権」と「先取特権」がこれに含まれます。

（ⅰ）　留置権　　留置権とは「他人の物の占有者は、その物に関して生じた債権を有するときは、その債権の弁済を受けるまで、その物を留置することができる」という担保物権です（民295条1項）。たとえば、時計の修繕を請け負った時計店は、客が修理代金を支払わない場合は、その時計の引渡しを拒絶できます。

　担保物権はこのように債権を担保するためのものです。担保される債権を被担保債権といいますが、したがって、被担保債権が成立するから担保物権が成立し、被担保債権が弁済等により消滅したら担保物権も消滅します（「成立の付従性」「消滅の付従性」）。

（ⅱ）　先取特権　　1人の債務者に複数の債権者が存在する場合、債務者が弁済をしないので、債務者の財産を差し押さえてそれを競売し、競落代金から債権者が債権を回収することになりますが、この場合の債権の回収の仕方は、各債権者が有する債権額に案分比例して平等に債権を回収することになります。これを「債権者平等の原則」といいます（破産194条2項参照）。先取特権は法が定める一定の種類の債権に優先的に弁済を受ける権利（これを「優先弁済

権」といいます）が与えられたものです。

　先取特権は，さらに，「一般の先取特権」「動産の先取特権」「不動産の先取特権」に分けられ，それぞれの中にさらに細かく先取特権が規定されています。このうち重要なのは，一般の先取特権の中の雇用契約上の賃金債権（民306条2号）と動産売買における売買代金の先取特権（動産売買先取特権—民311条5号）です。

　一般の先取特権は，債務者の責任財産一般に対する先取特権で，たとえば雇用上の賃金債権者は他の債権者に優先して弁済を受けることができます（民308条）。また，動産を売却した代金債権を有する売主は，その売却した動産の上に先取特権を有し，この動産を差し押さえて債権を回収する場合に優先弁済権を行使できます（民311）。さらにこの動産が他に転売された場合には，その転売代金に対しても先取特権を行使することができます。これを「物上代位」といいます（民法304条）。この場合，その転売代金が転売代金の債権者（転売者すなわち最初の動産売買の買主）に支払われてしまうと，その一般財産に混入してしまうので，物上代位権は，その払渡し前に差し押さえることが必要です（民304条1項）。

　(b)　約定担保物権　　約定担保物権の典型担保として，民法は「質権」「抵当権」の2つを規定しています。

　　(i)　質　　権　　質権とは債権の担保として債務者または第三者から受け取った物を占有し，その物について他の債権者に先立って優先弁済権を行使できる権利です（民342条）。質権の目的物は，動産（民352条），不動産（民356条）の他，財産権（定期預金債権等に対する権利質—民362条）も含みます。街に「質屋」という看板があったりしますが，そこでは客が持参した物に質権を設定して，金銭を融資しているわけです。民法の原則では，債務者が債務を弁済しない場合に，質権の目的物を質権者が自分のものにしたり，他に売却したりして債権を回収することは禁じられています（民349条）。このような行為を「流質」といいます。ただし，商行為によって生じた債権を担保するために設定された質権（商515条）や質屋営業法の規制を受ける質屋（質屋営業19条）には流質が許されています。

　　(ii)　抵当権　　日本において重要な担保手段として利用されてきたのは，

抵当権です。抵当権は債務者または第三者の不動産にその占有を移転しないで設定されるもので，債務者が債務を弁済しない場合には，抵当権者はその不動産から後述の一定の手続に従い優先弁済を受けることができます（民369条）。なお債務者でない者の不動産に，抵当権が設定された場合，この者を「物上保証人」と呼びます。日本では不動産の価値が高く，また不動産はその名の通り不動なものとしてそこに存在するので強制執行がかけやすいこともあり，担保手段として抵当権が良く利用されてきました。たとえば，銀行から融資を受けて土地・建物の購入資金に充てるような場合には，債務者が取得する土地・建物に銀行のために抵当権が設定されます。再三述べてきたように，日本では土地と建物は別個の不動産としてそれぞれが権利の対象となりますので，土地と建物の双方に抵当権を付ける場合は，土地の抵当権と建物の抵当権が同一の被担保債権のために設定されることになります。同一債権の担保のために複数の目的物に抵当権を設定する場合を「共同抵当」といいます（民392条）。

　抵当権は特定の定まった債権を担保するために成立しますが，被担保債権の限度額を決めておいて，その限度額の範囲で優先弁済を受けられる「根抵当権」というものを設定することも可能です。この場合の限度額のことを「極度額」といいます（民398条の２）。

　抵当権は，同一の不動産に複数設定することができます。この場合は，抵当権登記を設定した順番で順位がつき，その順位に従って優先弁済を受けることになります。たとえば，Aに2000万円を融資したBが，Aの所有する時価3000万円の甲土地に抵当権を設定した後に，Aに1500万円を融資したCが甲土地に抵当権を設定すると２番抵当権となります。AがBに債務を弁済できなくなった場合に，１番抵当権者Bが抵当権を実行し，甲土地が民事執行法の手続に従い売却され買受人が売却代金（問題を単純化するために3000万円で売却できたとします）を払うと，まずBが自己の債権2000万円をそこから回収し，２番抵当者Cが残りの1000万円に優先弁済権を行使することになります。その結果，Bは債権全額を回収でき，Cはなお500万円の債権が回収できないでいますが，抵当権実行の結果，回収できなかった債権は一般債権としてCに残ります。

　なお抵当権者が債権を回収する仕方としては，以上のように抵当権の目的物

を差し押さえて売却代金から優先弁済を受ける方法の他に，先取特権でも認められた物上代位を使う方法もあります（民371条・372条・304条）。とくに建物が新しく賃料収入が安定的に期待できる優良な賃貸用のマンションやオフィスビルに抵当権を設定した場合には，それらの建物を売却して債権を回収するよりも，債務者の賃料債権に抵当権に基づく物上代位権を行使して，賃料を抵当権者が取得することによって債権を順次回収していくことも考えられます。

なお，土地とその土地上の建物を同一所有者が有していて，その一方ないし双方に抵当権が設定され，抵当権実行の結果，土地と建物の所有者が別々になった場合，その建物がその土地上に立っているための敷地利用権がないと建物の取壊しという事態を招いてしまいます。そこで，民法はこのような場合にはその建物のために法定地上権が成立するとして，抵当権と利用権の調整を図っています（民388条）。

［2］**非典型担保**　民法に規定されていませんが，取引慣行により発達してきた担保があり，これを非典型担保と呼びます。

(a)　仮登記担保　債務者の不動産に仮登記担保権を設定し，債務者が債務を弁済しない場合に所有権を債権者に移転する仮登記を本登記にし，債権者が目的物の所有権を取得する，あるいは，目的物を処分することによって債権を回収する担保です（仮登記担保1条）。目的物の価格が被担保債権額と利息額を超過する場合には，その差額を債権者が債務者に清算する義務を負います（仮登記担保3条）。

(b)　譲渡担保　譲渡担保とは，担保目的物（動産，不動産）の所有権ないし債権（債権譲渡担保の場合）を債権者に移転し，債務者が弁済したら，その所有権ないし債権を債務者に戻すという方式の担保です。近時は，大量の商品に集合動産譲渡担保を設定したり，大量の債権に集合債権譲渡担保を設定するなどの利用が盛んです。

(c)　所有権留保　自動車や機械の販売の場合などに使われる担保で，目的物を実質的に売却しても目的物の所有権を売主に留保しておき，債務者が債務を弁済したときに初めて所有権を移転するという担保です。

2　人的担保

物を担保とするのではなく，債務者の代わりに債務を弁済する人に担保を設

定することを人的担保といいます。債権者と保証人の間で締結される「保証契約」による保証がこれにあたります。保証には，通常の保証と連帯保証の2つの類型があります。通常の保証では，債権者が債務の弁済を保証人に請求してきたときに，保証人は，まず債務者に弁済を請求するよう主張できる「催告の抗弁」(民452条) と，債務者に資力があり，かつ執行が容易であることを証明して債務者の責任財産から債権を回収すべきことを主張できる「検索の抗弁」(民453条) という2つの抗弁権を有します。「連帯保証」の場合は，この2つの抗弁権がないため (民454条)，連帯保証人は，債務者が債務を弁済しない場合に，いきなり債権者から弁済を求められても，弁済の拒否をできません。

このように保証人は他人の債務を弁済しなければならない重い責任を負うために，2004年の民法の口語化改正の際に，保証契約は書面でしなければその効力を生じないなどの規定ができました (民446条2項)。またこの改正の際に，一定の上限額の範囲での不特定の被担保債権を担保するための根保証契約の規定が新設されました (民465条の2以下)。

なお，法制審議会で進められている民法 (債権関係) 改正の議論 (後述 **Chapter 5 III 2** [4]) においては，責任の重い個人保証契約は禁止すべきかどうかも論じられています。

3 責任財産の保全

なお，責任財産の保全の制度として，債務者が無資力の場合に債権者が債務者の有する債権を代わりに行使する「債権者代位権」(民423条)，債務者がその法律行為をすることによって責任財産が減少し無資力になってしまうときに，債権者がその法律行為の取消しをできる「詐害行為取消権 (債権者取消権ともいいます)」があります (民424条以下)。

▶ EXAM 設問
[問1] 動産取引，不動産取引の安全はどのように図られますか。
[問2] 非典型担保はなぜ必要なのでしょうか。
[問3] 銀行は定期預金を有する顧客に融資をする際，相殺 (お互いの金銭債権を対当額で消滅させること―民505条以下) によって自らの貸金債権を独占的に回収することができますが，その顧客に他にも債権者がいる場合，債権者平等の原則に反しないのでしょうか。

【参考文献】
篠塚昭次『土地法口話2 私法』三省堂，2000年。
鎌野邦樹『不動産の法律知識』日経文庫，2005年。

Chapter 3

権利侵害の救済

●権利侵害に対する法的救済

　自動車を運転して信号待ちをしていたら，後ろからトラックに追突されて負傷し，車も損傷した。空港の待合室にいたら，いつの間にか荷物を盗まれていた。自分が居眠りをしている写真がネットに投稿されていたなどなど，人生に事故はつきものです。ここでは権利侵害に対する救済について検討します。

◆この章で学ぶこと◆
・権利を侵害する行為をやめさせるにはどうしたらよいでしょうか。
・権利侵害によって生じた損害はどのようにして回復されるのでしょうか。
・損害賠償の範囲や損害額はどのように算定するのでしょうか。

I　権利侵害行為の排除

1　物権的請求権の活用

　震度4の地震が起こり，Aさんの所有地の隣地のBさんのブロック塀がAさんの土地側に倒れてきました。幸い，何か物が壊れたり，人がけがをするようなことはなかったのですが，Aさんはこのブロック塀をBさんに早く片付けて欲しいと思います。この例では，Aさんの土地所有権がBさんの倒れたブロック塀によって侵害されていることになります。なぜなら，**Chapter 2**でもふれたように所有権とは自由に物を使用・収益・処分できる権利（民206条）ですが，Bさんのブロック塀がAさんの土地上に放置されていれば，Aさんは自分の土地を「自由に」使うことができないからです。

占有権の侵害に対してはChapter 2で占有訴権の制度が民法に規定されていることを指摘しました。民法に明文の規定はありませんが，所有権の侵害の場合にも所有権の性質に従って，当然に所有権に基づく妨害排除，妨害予防，返還請求ができると解されています。そして，これは物権に共通の性質として，「物権的請求権」と呼ばれています。したがって，Aさんは所有権に基づく物権的請求権としての妨害排除請求権を行使して，Bさんにブロック塀の撤去を請求できます。妨害排除の費用は，請求の相手方が負担すべしというのが判例・通説の立場ですので，撤去費用はBが負担することになります。ただ，阪神淡路大震災や東日本大震災のような巨大震災の場合には，個人が土砂や建物のがれきを撤去するには負担が大きすぎる場合もあり得ます。このような場合は，民法で解決する問題というよりも，行政的な措置を含めて検討する必要があるでしょう。

2　それ以外の権利に基づく差止め

日本では，1960年代から騒音被害や日照被害，風害などの日常生活における公害・環境問題において，権利侵害行為の差止めが裁判で争われるようになってきました。これらの被害を土地所有権や建物所有権に対する侵害だとして物権的請求権を活用することも考えられなくはないですが，これらの被害は，建物の賃借人のように物権を有しない人にも生じる問題ですし，被害は不動産よりも，むしろそこに居住している人の平穏な生活，健康などに生じるのですから，物権に基づく請求は事態に即していないように思われます。

そこで「平穏な生活を営む権利」や「人格権」の侵害を理由にして侵害行為の差止めをするという法的構成が発展してきました（小説のモデルとして描かれることによりプライバシー権が侵害されたとして小説の公表の禁止を認めた例として，「石に泳ぐ魚」事件・最判平成14・9・24判時1802号60頁）。

さらに近時では，良好な景観の侵害を理由として，マンションの高層階の工事の禁止や撤去を請求するような事件も出てきました。最高裁は，一定の場合に良好な景観の恵沢を享受する利益（「景観利益」）は法律上保護に値することを認めました（国立景観訴訟・最判平成18・3・30民集60巻3号948頁）。

Ⅱ　不法行為責任の成立要件

1　概　説

　不法行為責任の原則規定である民法709条は，「故意又は過失によって他人の権利又は法律上保護される利益を侵害した者は，これによって生じた損害を賠償する責任を負う」と規定しています。ここに規定されているように，不法行為責任が成立するためには，①故意または過失のあること，②権利ないし法律上保護される利益（「法益」といいます）の侵害，③不法行為と因果関係のある損害の発生が必要となります。

　また，不法行為責任の成立する前提として，自己の行為の責任を弁識するに足りる知能を備えていること，すなわち「責任能力」のあることが必要です（民712条）。責任能力は不法行為の種類・態様によって個別に判断されますが，裁判例では12歳程度で責任能力を認める傾向にあります。

　形式的に不法行為の要件を充たしても，違法性がない場合には不法行為責任は成立しません。たとえば，医者が手術をする場合やボクシングの試合で相手を殴るなどの行為がなされる場合は，故意に他人の身体を傷つけていますが，このような医療行為やボクシングのようなスポーツは正当な行為として違法性がありません。被害者の承諾があるから違法性が阻却されるともいえます。

　ある人が路上で強盗にあい，ナイフで刺されそうになったので，とっさに犯人の顔面を蹴りつけて気絶させたというような場合は，自己の権利・法益を防衛するためやむを得ずなした加害行為として「正当防衛」になり違法性が阻却されます。ナイフで刺されそうになったのが自分でなく他人である場合にも同様に違法性が阻却されます（民720条1項）。加害行為の対象が人ではなく，他人の物であった場合は，「緊急避難」になり同項が準用されます（同条2項）。たとえば，他人の飼い犬が襲ってきたので，蹴飛ばしたら犬が負傷したような場合です。

2　故意・過失

　意図的に他人の権利・法益を侵害し損害を発生させる場合に「故意」があるといいます。わざと損害を発生させた場合です。「過失」とは誤まって不法行

為をなすことで，注意義務違反のことです。さらに言えば，この注意義務違反には，損害発生という結果発生を予見すべきなのにしなかったという「予見義務違反」と，損害発生を回避しなかったという「結果回避義務違反」の双方が含まれます。いずれも予見可能性，結果回避可能性を必要とします。故意・過失の証明責任は被害者側が負担します。

　過失の有無の判断で重要なのは，その前提としてどんな内容・程度の予見義務，結果回避義務があると解するかという問題です。たとえば，工場の海への廃水に化学物質が混入していたことによる健康被害の発生が問題となった水俣病訴訟では，被告企業は，そのような被害が発生することは予見できなかったとして，過失を否定しました。しかし，裁判所は，およそ化学物質が混入した廃水を流すからには，人体に何らかの健康被害が発生しないかどうかを調査すべきであり，それをせずに漫然と廃水をした点に調査義務違反（予見義務違反）の過失を認めました。また同事件で，被告は，被告工場は社会に有益な物を製造しているのであって，そのために海への廃水は不可欠であるから，結果回避可能性がなく過失がないとも主張しました。しかし，裁判所は，工場の操業によって廃水が不可欠であるとしても，健康被害の発生が予見できる場合には，操業を停止すべきであったとして，これをしなかった点に結果回避義務違反の過失を認定しました。

　このように過失の有無の判断で核心となるのは，「被害の発生を予見ができたか否か」「結果の発生を予見できたか否か」の前提として，どのような予見義務（化学物質の混入した廃水をするに際しては，健康被害が発生するかどうかを調査すべき義務），結果回避義務（工場の廃水が不可欠な場合に，健康被害の発生が予見できる場合には工場の操業を停止すべき義務）があるのかという点です。そして，どのような注意義務が設定されるべきかは，予測される権利侵害，法的侵害の重大性（水俣病事件では人の生命，健康）によって決められるべきことをこの裁判例は示しているといえましょう。

3　権利ないし法益の侵害

　現行民法709条は「他人の権利又は法律上保護される利益を侵害した者」と規定しています。後者の法益侵害については，明治民法典のもともとの条文にはなく，2004年の民法の口語化の際に新たに挿入された文言です。

もともとの権利侵害の要件は，故意・過失によって他人に損害を発生させたことだけで不法行為責任が成立することになると賠償範囲が広がりすぎるので，それを限定するために規定されたという賠償範囲の制限的要素という側面があります。また損害を発生させたことから違法性が認められるのではなく，他人の権利を侵害しなければ，たとえ損害が発生しても違法性は否定されるというように違法性を限定するという側面もあります。

　ところで，その侵害が不法行為責任を発生させる「権利」とは何でしょうか。民法709条自体はこの権利を定義したり限定していません。また判例は，大正時代から権利といえなくても法の保護に値する利益が侵害された場合でも違法性があり，不法行為責任が成立するとして，権利侵害の要件を緩和してきました。そのため，日本の不法行為法規定は，社会情勢の進展に伴い，新たな権利や法益侵害に対する不法行為責任の成立を認め得る柔軟な構造を持っているといわれています。そのような構造を明文化したのが，新たに加えられた「法益」侵害なのです。

III　損害賠償

1　因果関係

　不法行為責任を理由に損害賠償をするためには，当該不法行為によってその損害が発生したという因果関係が必要です。因果関係の存在については，それを証明できれば利益を得る原告（被害者側）が証明責任を負担します。たとえば，水俣病事件では，被告企業が水俣湾に工場の汚水を廃水していることと，周辺住民に発生した健康被害に因果関係があるかが争点の1つとなりました。通常，このような「事実的因果関係」は，「あれなければこれなし」（conditio sine qua non というローマ法上の格言の和訳）という条件関係の有無で判断されます。ただし，「事実的」といっても，損害賠償責任を帰属させてよいかという法的判断との関係で求められる因果関係ですから，純粋に科学的で厳密な因果関係とは異なり，当該不法行為と損害の発生の間に「高度のがい然性」が認められれば良いとしています（最判昭和50・10・24民集29巻9号1417頁）。また大気汚染被害などについては，統計的観点から当該不法行為がその被害の発生原因

であることが推測されるというような疫学的観点から事実的因果関係が認められることもあります（四日市ぜんそく事件・津地四日市支判昭和47・7・24判時672号30頁）。

2 相当因果関係論

ところで当該不法行為と事実的因果関係のある損害のうちすべてが賠償の範囲に含まれるわけではありません。不法行為責任の損害賠償の範囲をめぐっては，債務不履行の場合の民法416条のような損害賠償の範囲を定めた規定がありません。じつは，民法典起草者は，不法行為の場合は裁判官の裁量を広く認めようということで，あえて民法416条のような規定を不法行為のところにはおかなかったのです。ところが，その後の判例は，有名な富喜丸事件で，民法416条は債務不履行と「相当因果関係」のある損害を賠償範囲とすることを定めた規定であり，その趣旨は不法行為責任に基づく損害賠償の範囲についても妥当するので，不法行為の場合も民法416条を類推適用すべきとしました（大連判大正15・5・22民集5巻386頁）。その結果，不法行為責任に基づく損害賠償の範囲は，当該不法行為から通常生ずる損害について賠償範囲に含まれるが，特別事情から生じた損害については，不法行為時に予見が可能であったか否かで判断されることになります。

実際の裁判例で問題となった例としては，母親が交通事故で入院し看病が必要となったので，海外に留学していた娘が日本に帰国するためにかかった航空運賃が賠償範囲に含まれるかが争われた事例がありました。最高裁は，海外に留学していることがあることは通常のことであり，社会通念上相当として往復旅費の賠償を認めました（最判昭和49・4・25民集28巻3号447頁）。

3 損害額の算定

［1］**生命侵害の場合の損害賠償請求権の主体**　まず被害者が死亡した場合，誰に損害が発生するのかが問題となります。人は死によって権利能力を失います。死者は権利主体にはなれません。生命侵害の場合，死者自身には損害は生ぜず，その被害者によって扶養されていたような場合に，その扶養利益の侵害を理由に加害者に損害賠償できるのみであるという考え方（「扶養説」）もあり得ます。これに対して，死者にも死の寸前に損害賠償請求権が帰属し，それを相続人が相続するという考え方（「相続説」）もあります。外国ではドイツなど

扶養説に立つ国もありますが，日本の判例は相続説に立っています。そして，死者自身に発生した後述の「逸失利益」を中心とした財産的損害と慰謝料を相続人が相続するという構成をとっています。

なお民法は，生命侵害の場合には，被害者の一定の近親者（被害者の父母，配偶者および子）の固有の慰謝料請求権を認めています（民711条）。

［2］**個別積算方式・差額説**　実際の裁判例では，当該不法行為がなかった状態とあった状態の差が損害であるという「差額説」に従い「個別積算方式」で損害額を算定しています。損害額の算定でとくに問題となるのが生命侵害の場合です。負傷の場合はまだ，治療費や入院費，休業損害などを損害として算定することができますが，命には本来，値段がつけられないはずです。しかし，生命侵害の場合も，判例は，その人が不法行為にあわずに生きていたらどれだけの財産的利益を得ていたかという「得べかりし利益」（「逸失利益」）を，その人が不法行為にあう時点で得ていた収入を基礎とし，将来の昇給等も考慮して，67歳まで働けたという想定のもと算定します。そして，将来稼げた分を現在賠償するので，中間利息を控除し，また，生活費がかかったはずなので，その生活費も控除します。

Ⅳ　特殊な不法行為

1　他人の行為に対する不法行為責任

近代民法のもとでは他人の不法行為に対しては責任を負わないのが原則です（自己責任の原則）。ただし，以下に述べるような例外があります。

［1］**監督義務者の責任**　事理弁識能力がない未成年者や精神上の障害により自己の行為の責任を弁識する能力を欠く者は，たとえ不法行為にあたる行為により他人に損害を与えても，責任能力を欠くために不法行為責任を負いません（民712条・713条）。その場合は，その責任無能力者を監督する法定の義務を負う者（未成年者であれば親権者）が，損害賠償責任を負います（民714条1項）。なお，監督義務者は自らが監督を怠らなかったとか，義務を怠らなくても損害が発生したはずということを証明すれば免責されますが（同項但書き），実際の裁判例ではこのような免責はあまり認められません。

なお，高校生や大学生など事理弁識能力が備わった未成年者は責任能力を有しますから，本人が不法行為責任を負うことはもちろんですが，賠償の資力がない場合が多いでしょうから親にも不法行為責任を問えないかが問題になります。判例は，このような場合に，親の監督義務違反の過失が認められる場合には，民法709条に基づき親の不法行為責任を追及することを認めています。この場合は，民法714条と異なり，被害者側で親の監督義務違反の過失を証明する責任を負うことになる点に注意が必要です。

　［２］使用者責任　　Ａ運送会社の社員Ｂが会社の車を業務で運転中に，わき見運転でＣをはねて負傷させたとします。この場合，Ｂには民法709条の不法行為責任が成立し得るのは当然ですが，Ｂに資力があるとは限りません。それにＢは会社のために会社の車を運転して事故が発生したのですから，Ｂを雇っているＡは無関係だともいえません。このように，ある事業のために他人を使用する者は，被用者がその事業の執行について第三者に加えた損害を賠償する責任を負い，この責任を「使用者責任」といいます（民715条）。使用者が被用者の選任およびその事業の監督について相当の注意をしたとき，または相当の注意をしても損害が生ずべきであったときには免責されますが（民715条１項），裁判例上，めったにこの免責は認められません。

　このように過失の証明責任が加害者側に転換されているので準無過失責任を定めているわけですが，このような厳格な責任が使用者に課されるのは，他人を雇うことによって事業を効率的に進めることで使用者が利益を得ているので，「利益が帰するところに責任も帰すべき」だという「報償責任」という考え方，また，他人を雇うことによってその他人が不法行為を犯すリスクも高まるので，危険を作り出した者が責任を負うべきだという「危険責任」の考え方が使用者責任の根底にあるといわれています。

　なお「事業執行性」は外形から判断されるという外形判断説が判例（最判昭和39・２・４民集18巻２号252頁等）・通説の立場です。ですので，仮に上の例で社員ＢがＡ運送会社の車を会社に無断で休日に持ち出して事故を起こした場合でも，外形からはＡ運送会社の車をＢが運転しているのですから，事業の執行性は肯定されることになります。

　［３］注文者の責任　　使用者責任の被用者は使用者の監督に従って事業を遂

行しているわけですが，請負契約の請負人は注文者の監督のもとに仕事をしているのではなく，独立して仕事をするので，注文者が請負人のなした不法行為につき責任を負うことは原則としてありません。ただ，注文者の注文自体や指図に過失があって，請負人の不法行為が生じたような場合は，例外的に注文者も不法行為責任を負います（民716条）。

[4] **共同不法行為責任**　(a)　概　説　AとBがCを路上で襲い，殴る蹴るの暴行をしたところ，Cが死亡したという場合，Aの加害行為がCの死亡の原因なのか，Bの加害行為がCの死亡の原因なのか，それとも両者の行為があいまって死亡という結果が発生したのか不明であることがあります。加害行為と損害の発生の間の因果関係は原則として被害者側が証明責任を負担しますので，この場合，因果関係が不明であるとして加害者に不法行為責任を問えなくなるおそれがあります。しかし，AもBもCを殴る蹴るの不法行為に当たる行為をして，Cに死亡という損害が発生していることは確かであれば，個別行為の因果関係を証明できないからといって加害者が免責されるのは不公平です。そこで，民法は「共同不法行為」という類型の不法行為責任を認めています（民719条）。

(b)　狭義の共同不法行為　民法719条1項前段は，「数人が共同の不法行為によって他人に損害を加えたときは，各自が連帯してその損害を賠償する責任を負う」と規定します。この規定により認められるのが「狭義の共同不法行為」といわれるものです。狭義の共同不法行為が成立するためには，①各人が不法行為に当たる行為をしたこと（個別行為と結果発生の因果関係は証明しなくてよい），②「共同の不法行為」といえるためには，「関連共同性」が必要と解されています。先の事例で，AとBが相談してCを襲ったというように，行為者間に謀議があるような場合には「主観的関連共同性」があるとして，狭義の共同不法行為の成立が認められることに判例・学説上異論はありません。その上で，「客観的関連共同性」がある場合にも狭義の共同不法行為責任を認めるのが判例・通説ですが，具体的にどのような場合に「客観的関連共同性」が認められるのかはケースに応じて，また，考え方により異なります。狭義の共同不法行為の成立が認められる場合は，各共同不法行為者それぞれが結果の発生について「全部責任」を負い，免責や減責の抗弁は認められないのが原則で

す。判例・通説は，共同不法行為者が負う連帯債務は，民法が規定する連帯債務（民432条以下）とは異なる性質をもつ「不真正連帯債務」であるとして，連帯債務に関する民法434条や437条の適用は排除されるとしています。そこで，共同不法行為者の１人に賠償の請求をしても，それだけでは他の共同不法行為者に対する消滅時効は中断しない（最判昭和57・3・4判時1042号87頁），共同不法行為者の１人に債務を免除しても，その効果は他の共同不法行為者には及ばない（最判平成10・9・10民集52巻6号1494頁）ということになります。

　(c)　加害者不明の共同不法行為　　A・B・Cが川の向こう岸に向かって石を投げていたところ，たまたま通りがかったDに石があたりDが負傷したという場合はどうなるでしょう。A・B・Cが共謀してDに当てようとして石を投げていた場合は，主観的関連共同性がありますから，いずれにしても3人ともDの負傷という結果に全部責任を負います。たまたま3人が相互に何の関係もなく，めいめい石を投げていたらDにどれかわからないが石が当たった場合は，3人に関連共同性がありませんから狭義の共同不法行為責任は成立しません。しかし，それぞれDを負傷させる可能性のある行為をしていたのですから，この場合，誰の投げた石が当たったのかを被害者Dが証明できなければ3人とも免責されるというのも不公平です。そこで，民法は「共同行為者のうちいずれの者がその損害を加えたかを知ることができないとき」にも，共同不法行為責任が生ずることを認めています（民719条1項後段）。これを「加害者不明の共同不法行為」といいます。

　(d)　教唆者・幇助者　　自ら直接加害行為をしていなくても，不法行為の実行をそそのかした場合は「教唆者」として，また，他人の襲撃を実行する現場で見張りをしたというように加害行為の実行を助けた場合は「幇助者」として，それぞれ共同行為者として不法行為責任を負います（民719条2項）。

2　危険な物に対する不法行為責任

　[1]　土地工作物責任　　民法は建物などの土地工作物の設置・保存に瑕疵のある場合には，その占有者が相当の防止措置を尽くしたことを証明できなければ占有者が，その証明がされた場合には所有者が無過失責任を負うことを定めていて，これを「土地工作物責任」といいます（民717条）。このように占有者には準無過失責任，所有者には無過失責任が課されている理由は，危険なもの

を所有・管理するものがそこから生じた損害につき賠償すべきとする「危険責任」の考え方によるものだと解されています。

借りているマンションに遊びに来た友人が寄りかかったベランダの手すりが腐っていて転落死したという事故が起きた場合，占有者はそのマンションの賃借人ですが，ベランダの手すりが腐っていたことを知らなければそもそも過失がありませんから，マンションの所有者である家主が土地工作物責任を負うことになります。所有者の責任は無過失責任ですから，ベランダの手すりの瑕疵を知らなかったとしても設置・保存に瑕疵がある以上，土地工作物責任を免れません。

[2] **動物占有者の責任**　飼い犬が他人を噛んで負傷させたというような場合，犬は人でないですから，不法行為責任は負いません。動物の占有者（飼い主や動物を預っている人）が不法行為責任を負います（民718条）。動物の種類および性質に従い相当の注意をもってその管理をしたときは，免責されますが（同条1項但書き），この免責はめったに認められません。この動物占有者の責任も危険を管理する者が賠償責任を負うべきという危険責任の考え方を根底にしています。

3　特別法上の不法行為責任

不法行為責任は民法以外の特別法によっても生じます。交通事故に関しては，自動車損害賠償保障法（自賠法。1955年制定）が，「自己のために自動車を運行の用に供する者」，すなわち「運行供用者」（通常は自動車の所有者）に準無過失責任を負わせると同時に，自動車は自賠法が定める強制保険に加入しなければ運行の用に供してはならないとされ，運行供用者の損害賠償責任を担保するため保険金が被害者に支払われる仕組みとなっています。また「製造物責任法」（1994年制定）は「製造物」（製造または加工された動産）の「欠陥」により人の生命，身体または財産に係る被害が生じた場合に生ずる責任で，過失を要件としない無過失責任です（製造物1条）。2011年3月11日の東日本大震災で発生した原発事故のような場合は，「原子力損害賠償法」（1961年制定）が原子力損害について原子力事業者の無過失責任を規定しています（原賠3条）。

▶ EXAM 設問
[問1]　権利侵害がされた場合の法的救済方法にはどのようなものがありますか。
[問2]　民法の原則は過失責任主義ですが、その例外を定めた規定や特別法にはどのようなものがあるでしょうか。
[問3]　生命侵害の場合、幼児のように将来の収入が不確かであったり、一時的に日本に滞在している外国人が被害にあった場合、貨幣価値の違いから、帰国先の収入水準は日本での収入に比して大幅に少ないような場合はどう解すべきでしょうか。また、現実の社会では労働者の平均賃金で男女に差がありますが、女児の損害賠償額は男児よりも低くて良いことになるのでしょうか。

【参考文献】
棚瀬孝雄編『現代の不法行為法　法の理念と生活世界』有斐閣，1994年。
中川淳編『語るコンメンタール不法行為法』有信堂，1997年。

Chapter 4

家族法の考え方

●家族をめぐる法

　人が生まれるということは，親がいる（いた）ということです。また，生まれる人は最後には必ず死にますので，死んだ人の財産はどうするのかという問題が生じます。結婚することもあれば，離婚することもあります。こうした家族に関する法的なルールを定めているのが家族法といわれる部分です。家族に関する価値観や法政策は時代によって大きく変遷します。家族法もそれらの影響を受けざるを得ません。また，生殖技術の発展は親子関係に関して新たな問題をつきつけています。この章では，こうした家族法の問題を検討します。

◆この章で学ぶこと◆

・親子関係は血縁で決まるのでしょうか。
・生殖医療の発展は親子の法にどのような問題を投げかけているのでしょうか。
・婚姻と離婚をめぐりどのような法的問題があるのでしょうか。
・相続の仕組みとはどのようなものなのでしょうか。

I　婚姻法

　民法は第4編親族の中で，まず第1章総則として，親族の範囲や親等*の計算の仕方などについての規定をおいています。ここでは，必要な個所で適宜これらを紹介することにし，まず，婚姻法について検討します。

1　婚姻の成立

[1] **法律婚主義・届出婚主義**　　日本では，後述する婚姻による法的効果は，法律上の婚姻が成立したときに生じます。結婚式を挙げて同居しているという

ような事実上の婚姻状態があったからといって，法律上の婚姻の効果は生じないのです。このように法律上の婚姻の要件をみたした場合にのみ婚姻の法的効果を認める考えを「法律婚主義」といいます。日本の法律上，婚姻は戸籍法の定めるところに従い，「婚姻届」を出した時に成立します（民739条1項）。これを「届出婚主義」といいます。

　[2] **婚姻意思**　　民法は「人違いその他の事由によって当事者間に婚姻をする意思がないとき」には婚姻は無効であると規定しています（民742条1号）。この「婚姻をする意思」が「婚姻意思」と呼ばれるものです。判例・通説は，婚姻意思は，婚姻届を出す意思（「届出意思」「形式的意思」）があれば足りるのではなく，婚姻生活の実質を営む意思（「実質的意思」）がない場合には，婚姻は無効であり，婚姻の効果は認められないとしています。便宜上の婚姻に効力はないというわけです。

　なお，行為能力が制限されていても意思能力があれば婚姻は有効に成立します。成年被後見人も婚姻をするには，その成年後見人の同意は不要です（民738条）。未成年者の場合は，後述の婚姻適齢の問題があります。

　[3] **婚姻の適法性**　　婚姻の実質的意思があり，婚姻届がなされても，一定の「婚姻障害」があると不適法な婚姻として，取消しの対象となります。そのような障害としては，①「婚姻不適齢」（男は満18歳，女は満16歳にならなければ，婚姻をすることができません。民731条），②重婚（民732条），③再婚禁止期間になされた婚姻（女性は，前婚の解消または取消しの日から100日を経過した後でなければ，再婚をすることができません。民733条1項），④一定の親族間の婚姻（叔父と姪，養親と養子など。民734条以下）があります。なお婚姻適齢と再婚禁止期間の規定は男女差別で法の下の平等（憲14条）に反するという意見もあります。

　＊「**親族**」と「**親等**」　　「親族」という言葉は，法律用語です。日常用語の「親戚」と似ていますが，民法でその範囲が決められていて，「六親等内の血族」「配偶者」「三親等内の姻族」が民法でいう「親族」となります（民725条）。「配偶者」は夫，妻のことです。「血族」は生物学的に血のつながった親族（「自然血族」）と養子縁組により血縁関係が生じた親族（「法定血族」）の2種類があります。このうち自分または配偶者の親や子，祖父母，孫など世代的に垂直的な関係に立つ親族を「直系親族」，兄弟姉妹やいとこなど，世代を遡ると同一の直系血族である始祖にゆきつく親族を「傍系親族」といいます。「姻族」は，妻の親兄弟や夫の親兄弟など，婚姻した配偶者の血族のことです。「親等」は親族間の世代数を数えたものです（民726条）。自分の親や子は1親等，祖父母や孫は2親等，曾

祖父母，ひ孫は3親等の直系親族となります。傍系親族の場合は，共通の始祖に遡り，そこから自分まで下る世数を数えます。兄弟姉妹は，共通の始祖である父母に遡り，そこから自分へ下る世数を数えて傍系2親等血族となります。自分より上の世代は「尊属」，下の世代は「卑属」といいます。親は直系1親等の尊属，甥は傍系3親等の卑属です。

2　婚姻の効果

婚姻によって，婚姻すると夫婦が同氏でなければならないという「夫婦同氏の原則」が適用されます（民750条）。また夫婦間には同居・協力・扶助義務が生じます（民752条）。他方で，夫婦は婚姻生活から生じる費用（これを「婚姻費用」，略して「婚費」といいます）を，「その資産，収入その他一切の事情を考慮して」分担する義務（婚姻費用分担義務）を負います（民760条）。752条の扶助義務と760条の婚費分担義務は実質的に重なります。ところで，同居義務があるといっても，仕事の都合で夫が遠隔地に勤務することになり，単身赴任となった場合など，正当な理由がある場合には，同居義務違反ということにはなりません。また，夫の暴力から逃れるために，妻が家を出て別居しているような場合も同様です。正当な理由がなく別居している場合でも，同居を直接強制したり間接強制したりすることは許されません（判例・通説）。

なお別居中であっても，婚姻関係が終了しない限りは，夫婦間の婚姻費用分担義務は消滅しないと解されています。したがって，たとえば，妻以外の女性と親密になって家を出た夫は，別居している妻に対して婚姻費用分担義務を免れず，妻は夫に婚費の請求をできます。

日本法では，夫婦が婚姻前から有していたそれぞれの財産および婚姻後にそれぞれの名前で取得した財産は各人のものであるという夫婦別産制を基本としつつ，婚姻後に取得した財産でいずれのものとも不明な財産は夫婦の共有に属するものと推定するとしています（民762条）。

3　離婚の成立

[1]　**離婚の種類**　日本では離婚の方式として，婚姻当事者の合意と離婚届により離婚が成立する協議離婚制度（民763条）が存在するのが特徴です。年間20数万件の離婚のうち9割近くは協議離婚です。当事者に合意が成立しない場合，最終的には裁判で離婚を争う裁判離婚となりますが，裁判の前に家庭裁判所の調停を受けなければならないという調停前置主義がとられています。調停

で離婚が成立すれば調停離婚，調停が不調に終わった場合には，審判による離婚，さらに離婚の訴え後の和解離婚もありえますが，いずれも数は少ないです。

　［2］離婚意思　　婚姻の成立の場合と同じく，離婚の成立の場合も離婚意思があることが必要です。ところで婚姻意思の場合は，前述したように，たんに婚姻届を出すことに合意がある（「形式的意思」）だけでなく，実質的に婚姻生活を営む意思のあること（「実質的意思」）が必要でした。これに対して，離婚意思の場合は，離婚届を出す意思（形式的意思）があれば足りるとするのが判例・通説です。当事者が婚姻の法的効果を受けたくないというのであれば，認めようというのがその趣旨です。

　協議離婚は，裁判所などの公的機関の関与なしに当事者の合意と届出があれば成立するという世界的にみても最も手続が簡単な離婚方式です。実際には，相手方配偶者の合意がないにもかかわらず，離婚を望む配偶者の一方が勝手に相手の分まで署名，押印して役所に離婚届を出すというような事態が生じます。そこで，このような事態が予想される場合に，あらかじめ離婚届を受け付けないようにしてもらう離婚届不受理申請制度というものがあり，年間2万件以上の申請があります。

　［3］有責主義と破綻（はたん）主義　　離婚の方式については，婚姻の破綻について有責な配偶者に対して，無責な配偶者からの離婚を罰として認める有責主義と，有責性とは関係なく婚姻が破綻していれば離婚を認める破綻主義とがあります。日本ではそもそも協議離婚制度がありますから，有責主義ではありません。一方配偶者が離婚に同意しない場合に裁判で離婚を争う場合にも，民法が定める裁判上の離婚原因が必要となります。民法は，裁判上の離婚原因として，不貞行為（民770条1号），悪意の遺棄（同条2号），生死の3年以上不明（同条3号），配偶者が強度の精神病にかかり回復の見込みがないとき（同条4号），そして，「その他婚姻を継続し難い重大な事由があるとき」（同条5号）を定めています。このうち，1号から4号までは具体的な離婚原因を定めていますので，「具体的離婚原因」といい，5号はこれに対して「抽象的離婚原因」といいます。

　「不貞行為」「悪意の遺棄」は婚姻破綻に有責性があることを示していますが，強度の精神病，婚姻を継続し難い重大な事由の方は，有責性とは別に，婚

姻の破綻をもって離婚原因としているので，破綻主義的離婚原因といえます。ただし，民法はこれら1号から4号の具体的離婚原因がある場合にも裁判官が一切の事情を考慮して婚姻の継続を相当と認めるときは離婚の請求を棄却できるとしています（民770条2項）。また5号については，裁判官が離婚を認めることは相当でないと判断した場合には，「婚姻を継続し難い重大な事由」がないとして離婚を認めないことにより，同様の結果をもたらせると解されています。

従来の判例では，たとえば夫が妻以外の女性と性的関係を持ち，そのことによって婚姻が破綻し，その夫から妻に裁判離婚を請求する場合には，このような有責配偶者からの離婚請求は信義則に反して認められないとしてきました。このように婚姻が破綻していても例外的に離婚を認めない考え方を「消極的破綻主義」といいます。これに対して，有責性と関係なく婚姻が破綻していればそれだけで離婚を認める考え方を「積極的破綻主義」といいます。最高裁は，1980年代になると，従来の消極的破綻主義的な判例を変更し，①別居が年齢および同居期間との対比において相当の長期間に及ぶ，②未成熟子がいない，③相手方配偶者が離婚により極めて過酷な状態に置かれる等，著しく社会正義に反する特段の事情がない場合には，有責配偶者からの離婚請求も認めるとしました（最大判昭和62・9・2民集41巻6号1423頁）。

4 離婚の効果

婚姻により氏を変えた配偶者の一方は，離婚により復氏するのが原則ですが，離婚から3か月以内に届ければ，婚氏を続称することができます（民767条）。これは社会生活の便宜を考えてのことです。

また離婚をした者の一方は相手方に財産の分与を請求することができます（民768条）。財産分与の有無，内容等につき合意が成立しなければ最終的には裁判所で決めることになります。その際，裁判官は，「当事者双方がその協力によって得た財産の額その他一切の事情を考慮して」財産分与の有無，額などを決めます（同条3項）。この離婚に伴う財産分与は，①清算的要素（婚姻中に形成した財産の清算），②扶養的要素（離婚後の生活に配慮），③慰謝料的要素（婚姻破綻に原因のある有責者からの慰謝）の3つの要素があるといわれています。財産分与は離婚の成立から2年以内に請求しないと権利が消滅してしまいます（民768条2項但書き）ので，注意が必要です。

子どものいる夫婦が離婚する場合，親子関係は離婚により消滅したりはせずにそのまま存続します。ただし，婚姻中は原則，共同親権・共同監護権であったのが，離婚後はどちらかの親が親権や監護権をもつ単独親権・監護権に変わります（民819条・766条）。親権者と監護権者が分離することも認められますが，実際には親権者と監護権者を兼ねる場合が多いです。監護権を有しない親には原則として面会交流権が認められますが，「子の利益を最も優先して考慮しなければならない」（民766条1項）のですから，たとえば，児童虐待をするような親の面会交流は制限されることもあります。

II　親子法

1　実親子関係

［1］嫡出の推定　　自然の血縁関係のある親子関係を実親子関係といいます。法律上の親子関係が成立すると，親は親権者となり，子を代理し，また子に対する親権や監護権を行使することになります。また，相互に扶養義務や相続関係が生じます。

　母子関係はその母親がその子を分娩したという事実から母子関係が確定され得ます。ところが，生まれた子の父が誰かということになると，母親と違い，一見して明確にわかるものではありません。そこで，民法は婚姻関係にある男女から生まれた子については，「妻が婚姻中に懐胎した子は，夫の子と推定する」ことにより，その子を「嫡出子」（法律上婚姻関係のある男女から生まれた子）として推定する規定をおいています（民772条1項）。そして，「婚姻の成立の日から200日を経過した後」または「婚姻の解消若しくは取消しの日から300日以内に産まれた子」は，婚姻中に懐胎（妊娠）したものと推定されます（同条2項）。このような嫡出推定の規定の規定により，婚姻中に産まれた子の父親は母の夫であるとして父性が推定されることになります。

　ところが，実際に産まれた子が夫の子でないことが判明した場合には，「嫡出否認の訴え」を夫が起こし，裁判所でそれが認められた場合に初めて法律上の父子関係が否定されます（民774条）。否認権を有するのは，夫だけですから，妻や子から嫡出否認をすることはできません。否認できる期間も夫が子の

出生を知った時から1年以内と限られています（民777条）。

　婚姻が破綻して長期間別居中であるとか，夫が長期の海外在住，刑務所で服役中などで，妻との間に性的関係がなく，妻が懐胎した子が夫の子ではあり得ないという場合には，「嫡出の推定の及ばない子」として，法的な利害関係のある者なら誰でも，その子と推定されている父との法律上の親子関係を否定する親子関係否認の訴えを起こすことが判例・通説により認められています（最判昭和44・5・29民集23巻6号1064頁）。

　[2] 認　知　婚姻外から生まれた子の場合，母親がその子を分娩した事実があればその事実により母子関係は確定します。父子関係については，父とされる者がその子を「認知」し，戸籍法の手続に従い認知届を出すことが必要です（民779条・781条）。成年になった子を認知する場合には，その子の承諾が必要です（民782条）。これは長年の間，子を放置しておいて，年老いて扶養をしてもらいたいということで父親と名乗り出たというような場合に，認知によってその父への扶養義務が生ずるのを避けたいというようなことがあるからです。

　父と思われる者が認知しない場合には，認知の訴えを提起し，それが認められれば認知の効力が生じます（民787条）。これを「強制認知」といい，自発的な認知である「任意認知」に対応する概念です。

2　養親子関係

養子縁組により成立する親子関係を養親子関係といいます。

　[1] 普通養子　普通養子は，養子縁組により養親と養子の間に親子関係が成立しても，それまでの血のつながりのある実親子関係はそのまま存続する養子の類型です。成年に達した者は養子をすることができます（民792条）。この場合，尊属または年長者は養子とすることはできない（民793条），配偶者のある者が未成年者を養子とするには配偶者とともにしなければならない（民795条），未成年者を養子とするには家庭裁判所の許可が必要である（民798条）などの規制がありますが，それ以外は，かなり自由に養子縁組ができます。婚姻と違い，血族間の養子縁組も可能です。たとえば，兄が弟を養子にしたり，祖父が孫を養子にすることも可能です。なお，子を持った者が再婚して，再婚した配偶者がその連れ子を養子にする場合，配偶者の一方はすでにその子と実親子関係がありますから，配偶者で養子縁組をする必要はありません（民798条但

書き)。

[2] **特別養子**　特別養子は，それまでの実親子関係を断絶させ，特別養子縁組をした養親子間にのみ親子関係を成立させる養子の類型です。特別養子縁組は,「父母による養子となる者の監護が著しく困難又は不適当であることその他特別の事情がある場合において，子の利益のため特に必要があると認めるとき」に認められるもので（民817条の7），養子となる者は原則として6歳未満でなければなりません（民817条の5）。特別養子縁組の成立には，原則として，養子となる者の父母の同意が必要です（民817条の6）。

養子縁組関係を終了させるための制度として,「離縁」の制度があります。普通養子は離婚と同じく，養親子間の協議で成立します（民811条）。当事者の一方が離縁に同意しない場合は，離婚と同じく最終的には裁判で離縁を争うことになります（民814条）。特別養子縁組の離縁は,「養親による虐待，悪意の遺棄その他養子の利益を著しく害する事由」があり,「実父母が相当の監護をすることができる」場合に，例外的にのみ認められます（民817条の10）。

3　生殖技術の発展と親子法

生殖技術の発展は，親子法を揺るがしています。人工授精や体外受精などの生殖技術の利用と，その結果生まれた子をめぐる特別な法的規制は現在の日本には存在しません。夫以外の第三者の精子を用いた人工授精や体外受精で子が生まれた場合でも，妻が婚姻中に懐胎した子は夫の子と推定されますから，自然的・遺伝子的な血縁関係はないにもかかわらず生まれた子の父は，夫と推定されます。

日本では代理母を用いた生殖技術は医学界では認められていませんが，アメリカのようにこれを認める国もあります。たとえば，アメリカなど代理母を認める国での生殖技術の利用により，夫の精子により，母以外の女性が代理母として体外受精による受精卵を用いて子を産み，その産まれた子を妻が自分の子として出生届を出すとどうなるでしょうか。実際にこういう事件がありましたが，日本法では，妻の懐胎した子は夫の子と推定されますが，この場合，代理母が懐胎したのですから，母子関係は代理母と生まれた子の間に成立し，代理母が婚姻をしている場合は，代理母の夫が生まれた子の父親と推定されます。ですから，代理母を頼んだ父母が自分の子として出生届をしても受け付けられ

ない結果となります。

　夫の生存中に採取し，冷凍保存した精子を，夫の死後に妻が体外受精によって懐胎し子を産んだ場合，その子の父は生物学的な血縁関係のある死亡した夫ということになるのでしょうか。これが争われた事件で，最高裁は，妻が懐胎したのは，すでに夫が死亡した後なので，婚姻中に懐胎したことにならず，夫は子の父と推定されないとしました。確かに遺伝子的には生まれた子の父は死んだ夫になるわけですが，死亡した夫の精子を利用した妻が懐胎するという事態を民法は想定しておらず，また，父親の死後に妻が懐胎するということは，最初から父のいない子を人為的に生み出すことにもなり，子の福祉の観点からも問題であるというのがその理由です。今後は日本でも特別立法により解決すべき問題でしょう。

III　相続法

　婚姻や離婚は経験しない人も相当数いますが，相続を経験しない人はいません。なぜなら，人は必ずいつかは死ぬからです。人が死ぬとその人の財産（積極財産も債務という消極財産も）の承継の問題が生じます。「相続は，死亡によって開始する」のです（民882条）。相続との関係では，亡くなった人を「被相続人」，相続する人を「相続人」といいます。

1　法定相続

[1] 法定相続人・推定相続人　被相続人が遺言を残しておかないと，法律が定めた相続の仕方になります。これを「法定相続」といいます。法定相続の場合は，法律が定めた範囲の人が法定相続人となり，法律の定めた順番で相続をします。被相続人の子（子が死んでいて孫がいたら孫―これを「代襲相続」といいます）と配偶者は法定相続人です（民887条・890条）。子がいない場合には，被相続人の直系尊属が，直系尊属もいない場合には兄弟姉妹が相続人となります（民889条）。法定相続人であっても，故意に被相続人や相続について先順位にある人を殺害したような場合は，相続人となる資格を失います。このように相続人の資格を失わせる事由を「相続欠格事由」といいます（民891条）。被相続人に対して虐待や重大な侮辱を与えたときは，被相続人はあらかじめ相続開始時

に相続人となり得る者＝「推定相続人」のうち（後述の遺留分をもつ者）の廃除を家庭裁判所に請求することができます（民892条）。廃除をされると相続権を失います。

　［2］**共同相続**　法定相続人が複数いる場合の相続を「共同相続」といいます。法定相続の場合には，共同相続の場合の持分（法定相続分）が法定相続人の組み合わせに従い民法に規定されています（民900条）。子と配偶者の場合は，2分の1ずつの相続分となり，子の相続分は人数により等分します。以前は，非嫡出子の相続分は嫡出子の2分の1とするという規定がありましたが，法の下の平等を規定した憲法14条に反して無効であるという最高裁大法廷決定が下され（最決平成25・9・4民集67巻6号1320頁），2014年1月からこの規定は廃止されました。直系尊属と配偶者の組み合わせでは，1：2の相続分，兄弟姉妹と配偶者では1：3の相続分割合となります。

　相続される財産を相続財産といいますが，共同相続の場合は，相続財産が「共有」されることになります（民898条）。共有状態の解消は遺産分割により実現されます（民906条）。協議が原則ですが，協議が整わないときは，家庭裁判所が一切の事情を考慮して，審判をして決めます（民907条）。

　［3］**相続の放棄等**　相続といってもマイナスの財産，すなわち債務も承継されることになりますから，相続人に利益になるとは限りません。相続人は自己のために相続の開始があったことを知った時から3か月以内であれば，相続の放棄（この場合，初めから相続人とならなかったものとみなされ，債務も承継する義務は消滅します―民939条）や限定承認（積極財産の範囲でのみ消極財産を相続する―民922条）をできることを定めています（民915条）。

2　遺言相続

　［1］**遺言の方式**　遺言により自分の財産を死後にどのように処分するかを決めることができます。このような「遺言の自由」は所有権の自由から派生するものと解されています。遺言が効力を発生させるのは，被相続人が死亡した時です。遺言の効力が発生するのは遺言を書いた人が死んだ後なので，残された者に都合がいいように改ざんされたりしないように遺言には厳格な方式が定められています。

　遺言には全部自筆し押印する「自筆証書遺言」（民968条），遺言者が口述した

内容を公証人が公正証書化する「公正証書遺言」(民969条),遺言者が署名押印をして封をしたものを公証人等に提出する「秘密証書遺言」(民970条)の3方式が定められています。

　[2] **遺留分**　遺言の自由を制約するものが遺留分です。法定相続人のうち,兄弟姉妹を除く子,配偶者,直系尊属は遺留分をもち,遺留分を侵害する遺言の効力は制限される。直系尊属のみが相続人である場合の遺留分は,被相続人の財産の3分の1,それ以外の場合は,被相続人の財産の2分の1が遺留分とされます(民1028条)。したがって,子が2人いるのに,全財産をある団体に寄付するというような遺言に対して,遺留分をもつ子はそれぞれ4分の1の遺留分を主張し,それが侵害されているとして遺留分減殺請求権を有することができます(民1031条)。遺留分が認められている理由は,法定相続への期待の保護と,被相続人から扶養を得ている場合の扶養利益の保護などに求められています。なお遺留分は,被相続人が相続開始の時において有した財産の価額にその贈与した財産の価額を加えた額から債務の全額を控除して算定します(民1029条)。そして被相続人から生前に贈与を受けていたような法定相続人の具体的な遺留分額は,その贈与額を控除して算定されます。

▶ EXAM 設問
[問1]　婚姻する際,夫婦はどちらの氏を選択してよいことになっていますが,現実には夫の氏を選ぶ割合が圧倒的に多いのはなぜでしょうか。また,婚姻後も氏を変えなくてよい夫婦別姓選択制を導入すべきという考え方もありますが,どう考えますか。
[問2]　生殖技術を利用した子を産む自由をもっと認めるべきだと言う見解と,子の福祉の観点からは規制されるべきという見解がありますが,どう考えますか。
[問3]　法定相続人が被相続人の介護などをしていると「寄与分」といって相続分を多くする制度もありますが(民904の2),妻が夫の老親を介護していても,妻は夫の親の相続人ではないので,相続の際にも利益は受けません。この問題をどうしたらよいと考えますか。

【参考文献】
二宮周平『家族と法——個人化と多様化の中で』岩波新書,2007年。
角田由紀子『性と法律——変わったこと,変えたいこと』岩波新書,2013年。

Chapter 5

近代民法とその現代化

●民法の歴史

　皆さんは「身分から契約へ」という言葉を聞いたことがあるでしょう。身分によって規律されていた不自由な社会（封建時代）から契約によって自由に他人との関係を規律できる社会（近代社会）への転換を表わす言葉です。日本でいえば，「士農工商」という身分によって規律されていた江戸時代の社会から，明治維新を経て「四民平等」になったことに相応します。近代民法は，近代社会の誕生に対応して生まれた法です。ところで，皆さんは「消費者」という言葉はよく聞いたことがあると思います。民法には「人」という言葉はあっても，「消費者」という言葉はありません。なぜなのでしょうか。

◆この章で学ぶこと◆

・民法の体系とその歴史はどのようなものでしょうか。
・近代民法の原則，特色はどのようなものでしょうか。
・近代民法の修正，現代法化とは何でしょうか。
・民事の実体法と手続法とはどのようなものでしょうか。

I　民法の体系と歴史

1　民法の規律対象と体系

　法典の形で編纂された民法のことを「民法典」と呼びます。日本の民法典の編纂上の特徴は，全編を通じて，〈総則—各則〉という構造を貫いている点にあります。全5編の最初の第1編が総則ですし，第2編以下の各編の第1章にも総則がそれぞれおかれています。このような編纂方式をパンデクテン方式と

いいます。ドイツ民法典もパンデクテン方式を採用しており，日本もそれに影響を受けています。これに対して，「人の法」「物の法」というように分けて規定をおき，総則を独立させない方式を「インスティトゥティオネス方式」といいます。フランス民法典が採用している形式です。

2 民法の歴史

民法は，古くはローマ時代に発展しました。皆さんは，世界史でローマ帝国について習ったことがあると思います。ローマ時代は，貨幣経済，商品経済がそれなりに発展した社会です。取引には，誰もが従うべきルールが必要となります。ローマ法は，そのような取引上のルールとして，紀元前5世紀から約1000年にわたり発展を遂げてきました。個別的なルールが，やがて学者により体系化され，書物化されていきます。じつはパンデクテンやインスティトゥティオネスもローマ法について記した書物に由来する名前です。

ローマ時代に発展したローマ法は，ローマ帝国が崩壊した後の社会にも影響を与えてきました。とくに，経済取引が発展し，市場が拡大してくる近代社会の形成に伴い，小さな地域ごとに財産取引のルールが違っているのでは，不便です。そこで，いろいろな地域に普遍的に適用できるルールが必要となってきます。そこで，見直されたのがローマ法で，ここに〈ローマ法の継受〉という現象が18世紀ごろのヨーロッパやアメリカで見られるようになります。

近代民法典の嚆矢とされるのが，絶対主義君主の時代を終わらせたフランス革命の混乱の後，皇帝についたナポレオンがつくらせた1804年制定のフランス民法典（Code Civil）です（ナポレオン法典ともいわれます）。フランス民法典は，その後の，法典編纂に大きな影響を与えました。

他方で，プロイセン王国やバイエルン王国など大小の独立国に分かれていたドイツでも，ナポレオンによるドイツ諸国の侵略，占領を通じて，政治的にもドイツを統一してドイツ民族としての近代国家を形成する課題が意識されるようになります。また，資本主義経済の発展に伴う市場の拡大から，財産取引の統一ルールが必要となったことから，ドイツ民法典の編纂の議論が19世紀半ばからなされるようになり，第一草案，第二草案がつくられます。

明治維新により近代国家への歩みを始めた日本でも，諸外国との不平等条約を改定し，国内に統一的な財産取引のルールを形成するためにも，近代的な民

トピカ 民法典起草の3博士について

　民法典起草の3博士が，1893（明治26）年に民法起草のための法典調査会主査となったのはいずれも30歳代の頃でした。3博士とも海外留学の経験があり，当時の最新の法知識に接していました。穂積陳重（1855〜1926年）は愛媛県宇和島藩士の出身で，ロンドン大学に3年留学の後，イギリスのバリスター（法廷弁護士）の資格を得，さらにドイツのベルリン大学に2年間留学，1888（明治21）年には日本で最初の法学博士となりました。東京大学法学部長，貴族院議員，枢密院議長，帝国学士院長などを歴任しています。英吉利法律学校（中央大学の前身）の創立にも加わりました。憲法学者の穂積八束は弟，妻の歌子は明治期経済界の巨人渋沢栄一の娘，長男の穂積重遠（元東京大学法学部教授）は高名な家族法学者です。富井政章（1858〜1935年）は，京都聖護院宮侍の長男で，フランス・リヨン法科大学院に留学し法学博士の学位を得た後，帰国し，帝国大学法科大学（現東京大学法学部）教授，学長，京都法政学校（現立命館大学）学長，和仏法律学校（現法政大学）校長などを歴任しました。梅謙次郎（1860〜1910年）は，松江藩の藩医の息子として生まれ，幼少のころから秀才の呼び声高く，司法省法学校を首席で卒業，フランスのリヨン大学に4年間留学し，法学博士の学位を取得，続いてベルリン大学に1年留学し，帰国後，帝国大学法科大学（現東京大学法学部）教授，和仏法律学校（現法政大学）校長等を歴任しました。

法典の編纂が急務の課題となりました。当初は，フランス民法典を日本語に翻訳したものを基礎に法典編纂の作業が始まりました。フランスのパリ大学の現役の教授であったボアソナードをいわゆる「お雇い外国人」として日本に招聘し（1873〔明治6〕年），フランス民法の講義を通じて，民法学者を養成するとともに，自ら日本民法典の編纂に力をそそぎ，その結果成立した民法典は，1890（明治23）年に制定・公布されました。同じ年には大日本帝国憲法が制定・公布されています。

　ところが，公布された民法典については，個人主義的すぎて日本の風俗に合わないなどとして，施行を延期すべしとする反対論が持ち上がりました。有名な「民法出でて忠孝滅ぶ」というスローガンは，その代表的な論客であり公法学者でもある穂積八束が掲げたものです。これに対して，不平等条約の改正や近代国家としての体制を早期に整えるべきだとして，民法典の施行を断行すべしとする議論も激しく展開されました。いわゆる「民法典論争」です。その結

果，民法典の施行はいったん延期されることになり，新たに，穂積陳重，梅謙次郎，富井政章の3人の博士を起草委員として民法典の編纂が始まります。この作業を通じて，制定・公布されたのが，現行民法典です。第1編から第3編の財産法の部分は，1896（明治29）年制定，第4編，第5編の家族法の部分は1898（明治31）年制定，両者あわせて同年に公布されました。ボアソナードを中心に起草されいったん制定・公布された民法典は「旧民法（典）」と呼ばれ，現行民法は「明治民法（典）」と呼ばれています。

II　近代民法の原則

　先に述べたように，近代市民社会は，身分制社会の否定の上に成立しました。政治的には人は法の下では平等であるべきだという人権思想に支えられています。経済的には，身分によって財産取引ができたりできなかったりでは市場の発展が望めません。誰でも平等に財産取引上の地位を有し，自由に経済活動ができる必要があります。そこで，近代民法は次の3つの原則を内包させています。

　①権利能力平等（法人格平等）の原則（誰もが自由に財産取引をでき，権利の主体になり得る），②所有権の自由の原則（自分の所有物は自由に使用・収益・処分できる），③契約の自由の原則（契約の方式も内容も原則として自由に定められる）がそれです。日本の民法典でも，これらをそれぞれ①「私権の享有は，出生に始まる」（民3条1項），すなわち誰もが平等に私権（私法上の財産上の権利）を持ち得る，②「所有者は，法令の制限内において，自由にその所有物の使用，収益及び処分をする権利を有する」（民206条），③「法律行為の当事者が法令中の公の秩序に関しない規定と異なる意思を表示したときは，その意思に従う」（民91条）というような規定に反映されています*。なお，他人の権利を侵害して損害が発生しても，故意・過失がなければ責任は生じないという原則を「過失責任主義」といいますが，これも自由な経済活動を保障する機能を有します（経済活動において予見できなかった損害の発生については責任を負わなくて済む）ので，過失責任主義も近代民法の原則に含めて考えられています。民法の条文では，不法行為責任の原則を定めた民法709条「故意又は過失によって他人の権利又

67

は法律上保護される利益を侵害した者は，これによって生じた損害を賠償する責任を負う」に過失責任主義が反映されています。

> **＊法律行為**　法学部の民法の授業以外の日常生活では「法律行為」という用語は聞かないと思います。民法典にでてくる用語は，日本古来から使われてきた日常用語（たとえば売買，贈与など）以外に，多くの言葉が外国法上の概念（とくにフランス法，ドイツ法の影響が強い）翻訳によって作られています。「法律行為」は民法第1編総則の第5章の表題にもなっている重要な概念です。法律行為とは法的な効果を生じさせる行為のことで，その典型は **Chapter 1** で学んだ契約です。たとえば，皆さんがコンビニにいって昼食用におにぎり2個を選んでカウンターにもっていき，お金を支払うと，そのおにぎりは皆さんのものになりますね。法律的に見ると，皆さんとコンビニの間に売買契約が結ばれて，その法的効果として，売買の対象物（民法はこれを「目的物」といいます―民566条1項参照）の所有権を売主が買主に移転する義務が生じ，買主は売主に代金を支払う義務が生じます（民555条参照）。こうして，買主がおにぎりの代金を支払い，売主がおにぎりの所有権を買主に移転することになります。

Ⅲ　近代民法の修正と現代化

1　近代民法の修正

　前述したように，明治民法典が施行されたのは，1898（明治31）年，19世紀末のことです。その当時の日本は中国との間の日清戦争（1894〔明治27〕年から翌年）を経て，それまでの繊維産業などの軽工業中心の産業構造から石炭，製鉄，造船などの重工業の発展期にいたる時期です。労働者の数も増大し，労働争議も起きてきます。重工業地帯が京浜，阪神地帯を中心に発展し，そこでの仕事を求めて農村地帯から農家の二男，三男などが大都市やその近郊に大挙移動してくるようになり，土地問題，住宅問題も深刻化します。また，農業に関しては小作争議も盛んになっていきます。このような事態の中で，資力のある人もない人も，社会的な権力をもつ人ももたない人も，「人」として平等であることを前提にルールを定めている民法では，対応できない社会問題が生じてきます。労働問題については，社会法の章で扱いますので，ここでは，民法に関係する問題として借地，借家の問題を取り上げます。

　ここで借地とは，建物の所有のために土地を賃料を支払って借りること，借家とは賃料を払って建物を借りることをいいます。土地も建物も日本では不動

産（民86条）として，別々の所有権の対象となります。民法は，典型契約の1つとして賃貸借契約を定めています（民601条以下）。明治期末の日露戦争（1904〔明治37〕年から翌年）の前後から，日本の重工業が発展し，大都市やその近郊に人口が集中してくるようになると，借地や借家の需要が急増し，いわゆる売り手市場になってきます。

この当時，社会問題化したものに「地震売買」というものがあります。明治期から昭和の時代を通じて，都市においても元々から土地を所有していた人は少数の地主であって，多くの場合は，地主から土地を借りてその上に建物を建てて住む借地人，さらには，土地を借りることもせずに，建物を借りる借家人でした。ところが売り手市場になって，地主は地代を値上げしたい。ところが借地人がこれに応じない。そうすると地主はどうするかというと，その借地を売ってしまいます。そこで新しい地主が，今度は自分がこの土地の所有者である，自分はあなたに土地を貸していないから建物を取り壊して出て行ってくれと要求します。日本では，土地を賃料を払って借りる権利，すなわち「賃借権」は，賃貸借契約上の権利（債権）であって，貸主にこの土地を使わせろという賃借権を主張することは当然できますが，契約の相手方ではない者（これを民法では「第三者」といいます）に賃借権を主張することはできません（債権の相対的効力）。ただし，民法では，債権である賃借権も不動産賃借権の登記をしておけば第三者にその権利を主張できる（「対抗できる」といいます）ことを規定しています（民605条）。

しかし不動産に関する登記は登記によって利益を得る登記権利者と登記義務者の共同申請によってなされなければなりません。借地の場合は，登記権利者である賃借人単独で登記はできず，登記義務者である賃貸人（地主）の協力が不可欠です。しかし，地主は不動産賃借権の登記がなされると第三者にも権利を主張できる効果（これを「対抗力」といいます）が生まれるので，これを嫌い，登記に協力しません。ですから，日本では不動産賃借権の登記がなされる例はめったにないのです。

結局，新しい地主が建物を取り壊して出て行くように借地人に要求した場合，借地人は土地の賃借権の登記を備えていないので，新地主に自分の賃借権を対抗できない。そこで，やむなく建物を取り壊して退去せざるを得ないこと

になります。こうして，明治末期に借地人の建物があたかも地震による災害で次々に倒れていったように，借地の売買により借地上の建物が壊されていったことをさして「地震売買」という言葉が生まれたのです。このような社会問題に対応するためにできた特別法が「建物保護法」と呼ばれる特別法です（1909〔明治42〕年制定）。地震売買により建物が取り壊されていくのは社会経済的にも損失であることから，「建物を保護する」ことを目的に，民法605条の例外として，建物所有を目的とした土地の賃借権（借地権）については，賃借権の登記以外にも，借地上の建物の所有権登記によっても借地権の対抗力が生じることを規定しました。建物は借地人が所有するのですから，建物の所有権登記は借地人が単独で申請することができ，地主の協力は不要です。こうして，不動産賃借権の対抗力に関する民法の規定が借地権との関係で修正されたわけです。

　建物賃借権（借家権）の対抗力の方は，大正デモクラシー時代の借家人争議を通じて，ようやく，借家法という特別法が制定され（1921〔大正10〕年），その中で，建物の引渡しが建物賃借権の対抗要件となるという特別規定が定められました（借家1条）。また，民法では，賃貸借契約期間の上限20年を定めています（民604条1項）。これは長期間の契約による拘束は自由の束縛になるという思想を根底においています。しかし，借地人や借家人からすれば，長期に土地や建物を借りることができた方がその法的地位の安定にもつながるわけですから，長く借りたいわけです。しかし，契約自由の原則をたてに，地主や家主が長期の賃貸借契約に応じなかったり，あるいは，そもそも賃貸借契約期間を定めず，いつでも解約できるとする場合には賃借人の地位は非常に不安定になってしまいます（民法617条1項は，期間の定めのない不動産賃貸借について解約自由を認めています。ただし，解約の効果は土地の場合1年後，建物の場合3か月後に発生します）。そこで，借家法と同年に制定された借地法は，契約で期間を定める場合は，石造などの堅固の建物の場合は30年以上，木造建物などの非堅固の建物の場合は20年以上でなければならない（借地2条2項）として，民法とは逆に期間の下限の規制をおきました。また，契約で期間を定めなかった場合には，堅固の建物の場合60年，非堅固の建物の場合30年の期間とするという法定期間を定めました（借地2条1項）。いわゆる存続期間の保障です。さらに，第

二次大戦が始まる直前の1941（昭和16）年には，地主や家主が借地契約や借家契約の更新を拒絶したり，期間の定めのない借家契約の解約を申し入れる場合には，地主や家主が自らその借地や借家を使用する必要性があることなどの「正当事由」がなければ，解約は制限されるという規定を導入しました（借地4条1項，借家1条の2）。

2　民法の現代化

民法はそれぞれの人の具体的属性（資力や交渉力，社会的権力，専門知識など）を捨象して，一律に「人」として扱うことを前提にしています。しかし，「人」が自由に契約を締結することによって，自由な財産取引を保障するということだけでは，現実の人と人の間の経済力や社会的権力の格差を反映して，結果的に不平等，不自由な契約が結ばれてしまいます。以上のような近代民法の修正は，一方の当事者（たとえば，借地人，借家人）にとって不利益が生ずるというこのような事態を是正しようとするものでした。

ところが明治民法典が制定されて100年もたつ20世紀末になってくると，〈弱者を保護する〉という観点は良くない，むしろ，各人の主体性を尊重し，自己決定による自律を確保すること，そのために必要な法整備を行うことが重要であるという視角が強調されるようになってきます。また，近代民法の修正が，民法が規定する「自由」を弱者保護の観点から規制しようとするものであったのに対して，新たに自由を拡大する方向での修正や特別法も規定されるようになってきます。こうした流れをここでは「民法の現代化」ととらえておきますと，具体的には次のような法改正がこれにあたると指摘できます。

［1］**成年後見制度の整備**　　後述するように，民法は十分な判断能力をもたない者が，よくわからないまま，あるいは，軽率に契約を結んでしまい，それに拘束されるのを防ぐため，一定の者を「行為無能力者」として，自ら単独で法律行為の効果を確定できる資格である「行為能力」を制限してきました。「行為無能力者」は，判断能力の不十分さに応じて，「禁治産者」「準禁治産者」として民法に規定されました。

ここには，判断能力に劣る者を「保護の対象」とするという観点が見て取れますが，他面で，行為能力が制限されると，自由に取引をすることも制限されることになりますので，自己決定権が制約されることにもなります。

このような事態に対して，まず1979年に民法の一部が改正され，それまで準禁治産者として行為能力が制限されていた「聾者」（耳の不自由な者），「唖者」（口のきけない者），「盲者」（目の不自由な者）が禁治産者の対象から削除されました。これは障害者の自律の尊重という観点からの改正です。さらに，1999年の民法改正により，成年後見制度が導入され，従来の「禁治産者」「準禁治産者」「無能力者」という言葉自体が差別的であること，また，たんに保護の対象とするのではなく，自律の観点から規定の見直しが図られ，「成年被後見人」「被保佐人」「被補助人」という3類型がつくられました。また「無能力者」という用語に代わり「制限能力者」(1999年改正)，さらには「制限行為能力者」(2004年改正) に改正されました。詳細は **Chapter 1**（Ⅲ **3** 行為能力）を参照してください。

　[2] 借地借家法の制定・改正　　大正時代に制定された借地法，借家法が近代民法の私的自治の原則を修正するものであったことは前述しました。この修正は，借り手である借地人，借家人の保護を意図したものでした。ところが，1980年代のバブル経済の時代になると，借地人，借家人の保護だけでなく，社会経済の発展に伴う不動産の利用の多様化を促進するという観点からの法改正が議論され，それまでの借地法，借家法，建物保護法を統合して新たに規定した借地借家法が制定されるにいたりました（1991年）。従来の借地法，借家法のもとでは，地主，家主に正当事由がない限り，原則として契約の更新が続いていくことになっていましたが，借地借家法は，一定の条件のもとに，契約の更新がない「定期借地権」，「定期借家権」を導入して，不動産の多様な有効利用が進むようにしました。

　[3] 消費者法の発展　　自己決定を尊重するといっても，契約当事者の情報力や交渉力に格差が存在する現実の中では，本当に自由な自己決定がされているのかという問題が生じます。消費者と事業者の間の格差をふまえて，一定の場合に消費者が締結した契約を取り消したり，特定の契約条項の無効を主張できることを認めた法律が「消費者契約法」です（2000年制定）。ここで「消費者」とは，事業を営まない個人のことで，「事業者」とは法人その他の団体および事業者または事業のために契約の当事者となる場合の個人をいいます（消費契約2条）。したがって，法人はすべて事業者です。会社などの営利法人，非

Chapter 5　近代民法とその現代化

営利法人を問いませんから，大学も事業者です。

　消費者契約法では，押し売りのように，消費者が事業者の住居から退去するように言ったのに退去しないで無理やり契約を結ばせるような「不当勧誘行為」による契約の取消しや，契約目的物の品質や価格などの重要事項について事実と異なることを告げる「不実告知」，「絶対もうかります」などといって投資のための契約を結ばせるなどした場合の「断定的判断の提供」などを理由とした消費者契約の取消しを認めています（消費契約4条）。また，消費者に一方的に不利益となるような契約条項を無効とする定めもおいています（消費契約8条以下）。さらに，消費者契約法は，実際に不利益，被害を被った直接の当事者でない「適格消費者団体」という団体に，不当な契約条項の差止めや，消費者被害についての損害賠償請求訴訟を起こす資格を認めています。

　[4] 民法（債権法）の改正　　19世紀末に制定された明治民法典ですが，家族法については，第二次大戦後にそれまでの「家」制度を基本にした家族法から，両性の本質的平等と個人の尊重（憲24条）を理念とする法に大きな改正がなされました（1947年）。財産法については，部分的な改正は何回か行われましたが，家族法のような大改正は行われてきませんでした。21世紀に入ってから民法の財産法，とりわけ取引と関係の深い債権法の部分の改正が議論されるようになりました。2009年10月には法務大臣が法制審議会に民法制定以来の「社会・経済の変化への対応を図り，国民一般に分かりやすいものとする等の観点から」債権法を中心とした民法改正の要否とその内容について諮問がなされ，それに対応して民法（債権関係）部会がおかれ，検討が続けられ，2015年2月には法制審議会で民法改正要綱にまとめられ法務大臣に答申がされました（同部会での審議内容については法務省HPで公表されています。http://www.moj.go.jp/shingi1/shingikai_saiken.html）。同年3月31日には同要綱を条文化した「民法の一部を改正する法律案」が閣議決定され，第189回国会に提出され，現在，審議中です。

▶ EXAM 設問
[問1]　近代民法の特徴は何でしょうか。また，その特徴はどのような社会的，経済的要請を反映しているのでしょうか。
[問2]　近代民法の修正は，どのような点に見られますか。またその修正の背景は何で

しょうか。
[問3]〈保護の客体から権利の主体へ〉というスローガンは，民法の現代化といわれる現象にどのように反映しているのでしょうか。

【参考文献】
内田貴『民法改正——契約のルールが百年ぶりに変わる』ちくま新書，2011年。
大村敦志『民法改正を考える』岩波新書，2011年。

コラム　歴史の中の相続——江戸時代を中心にして

1　はじめに

　妻と男女各1人の子がいる男性が死亡すると，その財産は，民法によれば，妻が2分の1，子が2分の1相続します。子の相続分は男女とも平等なので，それぞれ父の財産の4分の1を相続します。このことはすでに承知の人も少なくないと思います。一見すると何の変哲もない事柄のように思われますが，相続が昔からこのようになっていたわけではありません。それぞれの時代にそれぞれのあり方をしていたのであり，なぜそうなっているのかは，その社会のあり方と大きく関わります。現代の相続のあり方・特徴を考える場合，現代社会のあり方との関わりで考える必要があるとともに，長い歴史の中で考えてみることも意味があります。歴史は，なぜ現代がこうなっているのかを照らし出す鏡だからです。そこで，以下では，現代の相続とは大きく異なる江戸時代の相続を，その時代のあり方と関わらせつつ見てみることにより，現代の相続について考える手がかりをさぐってみたいと思います。

2　なにを相続するのか

　江戸時代は身分制社会であり身分により相続のあり方も異なりました。そこで，少し身分ごとの相続のあり方を簡単に眺め，そのうえで全体を考えてみることにします。

　【武士の相続】　まず武士の相続について考えてみます。江戸時代には，社会の支配秩序を維持するため，将軍・大名は多くの家臣団をかかえていました。家臣たる武士は主君たる将軍・大名に奉公し，その対価として俸禄を与えられました。武士の「家」は主君への奉公に基づく俸禄に基礎を置いており，俸禄を離れて武士の「家」は存続し得ませんでした。この意味で武士の「家」の継承である相続の中心的対象は俸禄でした。俸禄はその「家」の俸禄，すなわち家禄と観念されました。家禄は父の死亡・隠居により当然に子に相続されるのではありません。父の死亡・隠居により家禄はいったん収公され，相続人の忠誠心と奉公能力を確認のうえ改めて再支給されます。相続とは主君による家禄の再支給許可であり，相続権という私法上の観念は存在しません。有るのは相続期待権でした。相続は家禄の相続であるとともに，主君への奉公義務の継承でもありました。相続の開始が，家長たる父の死亡・隠居のときであることを考えると，相続は前家長の地位の継承でもありました。

　【農民の相続】　次に農民の相続について考えます。農民の主たる財産（基本財産）は，田畑であり，農民の相続の主たる対象はこの田畑であるといえます。田畑所持の本百姓が貢租負担者とされていたことからしますと，この田畑の相続は，同

時に貢租負担者としての地位の相続でもありました。この意味で農民の相続は，一面では財産であると同時に，他面では身分的負担であるところのものの相続であり，この点では武士の相続と似ています。武士の場合と同様，相続は前家長の地位の継承でもありました。

【町人の相続】　最後に町人の相続についてみてみます。町人とは，狭義においては，町地に家屋敷を持ち，各種公役を勤める者をいいます。それゆえ町人としての基本財産はこの家屋敷であります。また，家業を含む営業資産も町人の基本財産といえましょう。したがって，町人の相続の対象は，家屋敷，営業資産の合体したものといえます。また，武士や農民の場合と同様，相続は前家長の地位の継承でもありました。

3　誰が相続するのか

【武士の相続】　武士の相続では，江戸幕府の法によれば，長男は出生届により法律上当然嫡子（家長の地位の継承者＝相続人）たる身分を取得します。長男が病弱その他の理由で奉公能力に欠けるため廃嫡（嫡子の身分を剥奪すること）されたり，あるいは死亡した場合には，嫡孫や次男以下，直系卑属をその序列順位にしたがって嫡子として願い出ることができます。廃嫡の手続を取らずに家長が勝手に嫡子を変更することはできません。正妻に男子が生まれない場合は妾との間に生まれた男子（庶子）を嫡子にすることもありました。女子は嫡子になれませんでした。妻も相続人になれませんでした。このように，武士の相続において女性は完全に排除されていたのです。武士は本来的に戦士であり，武家奉公は軍事的奉公がその中核をなしていました。武士の家はこうした奉公をすることを目的とした団体であったのです。それゆえ戦闘能力に劣る女性は相続人の範囲から除外されていました。近年の研究では，男子がいない武士が急死した場合に，その家柄を考慮して女子あるいは妻の相続を認めた事例も報告されていますが，これらは例外です。武士の相続は男子の自然的血統が重視され，「嫡庶長幼」の序列が厳然と存在したのです。男子も平等に相続人になれたのではなく，長男だけが相続人になれたのであり，次男以下は相続人になれる可能性があったにすぎません。

【農民の相続】　農民の相続においても幕府は，建前としては「嫡庶長幼」の序列に従った相続を求めましたが，武士の世界ほど厳しい身分的秩序が求められたわけではないので，実際は父の意思がかなり重視されました。農民の相続が年貢納入義務者の地位の相続でもあったことを考えますと，相続には血統筋目よりも，支障なく年貢を納入できる農業経営力が，相続人の資格として求められたといえます。それゆえ長男に相続させなければならないという規範に縛られていたわけではなく，次男の方が農業経営力に勝っていれば次男に相続させることも可能でした。ただ現実には長男が相続するのが一般的でした。長男が次男・三男より先に生まれ農業に早く習熟していたからです。男子がいないときは，娘あるいは妻が相続するこ

ともできました。武士相続と大きく異なるところであり，女性の労働力がそれだけ評価されていたことによるものでありましょう。とはいえ，女性が相続して家長となった場合は，早く婿・入夫(にゅうふ)を迎えて彼らに家長の地位を譲るべきと考えられていました。女性相続は暫定的な中継相続でしかなかったのです。

【町人の相続】　町人相続も，農民相続の場合と同様，父の意思にゆだねられました。建前としては血統筋目による相続人の選定が望まれ，実際にも長男に相続させるのが一般的でした。しかし，武士の場合のように必ず長男に相続させなければならないというわけでもなく，日頃の行いが悪いとか，家業を継ぐ能力がなければ，次男・三男を相続人にすることもありました。商家では経験豊かで能力のある手代・番頭を婿養子にする場合もありました。

農民の場合と同様，女性も相続人となり家長の地位に就くことが可能でした。しかし，町人の場合も，早く婿・入夫を迎えて彼らに家長の地位を譲るべきと考えられてました。大坂では女性が相続して家長(「名前人(なまえにん)」)になっても，3年以内に婿・入夫にその地位を譲るべきである(「女名前三年」)とされていました。女性相続は暫定的な中継相続でしかなかったのです。最近の研究では，農民についても町人についても暫定的とはいえない女性相続の事例も報告されています。

4　現代の相続との違い

【身分相続】　江戸時代の相続は俸禄，田畑，家屋敷・営業資産という財産を相続するように見えますが，実はその相続は，武士・農民・町人という身分の承継と結びついていました。相続は財産の相続という形をとりながらも実は身分の相続でもあったのです。基本財産は家産と観念され，相続とは家産の相続であり，また，家産を管理する家長の地位(身分)の相続でもありました。近代以降，士農工商という身分は消滅しますが「家(いえ)」や家長という身分(「戸主(こしゅ)」)は残り，身分相続の色彩は払拭されず，相続が財産の相続に純化されませんでした。相続が財産の相続に純化されるのは「家」制度がなくなり，財産が純粋に個人の財産として観念されるようになった現代においてです。

【強制相続】　相続が身分の相続であり，家産の相続であるとしますと，相続を勝手に放棄することは認められません。武士の死亡時に長男が，「町人の方が気楽そうなので，私は町人になります」といって相続放棄を申し出ても，「ばかもん！」と親戚中から叱られるのが関の山です。相続放棄は，財産が身分や「家」と一体のものではなく純粋に個人のものであり個人の自由な処分が可能である，と観念される時代に始めて意味をもってきます。

【相続と女性】　武士相続と異なり，農民相続，町人相続では女性も相続人となり得たことは注目されます。歴史における女性の法的地位の変化をうかがわせるものです。

とはいえ，女性は暫定的な中継相続人にすぎませんでした。近代になり「人の平

等」が法の世界でも叫ばれますが，明治以降の日本では「家」制度の下，男系優位の家督(かとく)相続制度が展開されます。近代の「人の平等」は「男女の平等」ではなかったのです。そのことを意識してか，フランス革命の女性活動家オランプ・ドゥ・グージュは，フランス人権宣言の文言を利用して女性の権利宣言を書き上げたとき，権利主体を「人」から「男性と女性」に改めています。相続における男女の平等が実現するのは現代になってからです。

▶ EXAM 設問
[問1] 江戸時代，武士の相続は将軍や大名による許可制でした。なぜでしょう。
[問2] 現代の相続は首相や知事の許可を必要としません。なぜでしょう。

【大平祐一】

Chapter 6

社会法の考え方

● 「労働者」の発見

「労働者。働く人は，目に入らない。意識にのぼらない。だが，いるだろう。列車の喫煙車両で検札をする車掌。喫茶店や居酒屋の喫煙席で，注文をとり，料理や飲み物を運ぶ店員。建物の喫煙スペースで働く清掃スタッフ。仕事だから，彼らに場所は選べない。真っ白に煙った空間で，大量の副流煙を吸いながら，日々働いている。」

沢村凛『ディーセント・ワーク・ガーディアン』（双葉社，2012年）170頁

◆この章で学ぶこと◆

・労働者が「働きやすい人間らしい仕事（ディーセント・ワーク）」を行えるにはどうすればよいでしょうか。
・国民が生活に困窮した場合，あるいは病気になったり高齢になった場合に，生活を支援する仕組みはどのようになっているでしょうか。

I 社会法と生存権理念

1 労働者・要保障者

　消費者として生活していると，「働く人は，目に入らない」。たとえばコンビニで商品を買うには，レジ，配送，製造，企画など多くの人の働きが必要です。そこに思いを致す人がどれだけいるだろうか。実際には，就業者の91％，全人口の64％が雇用者なのです（2012年）。レジの店員は目に入ったとしよう。彼らの多くがアルバイトであることに思いを致す人がどれだけいるだろうか。アルバイトやパート等の非正規雇用者は全雇用者の36.7％を占め（2013年），も

はや例外的雇用形態ではありません。生活に困難をきたしている人はさらに目に入りません。完全失業率は4.3％（2012年），生活保護受給者は2011年に206万7千人（16.2‰）と過去最高数となってその後も最高を更新しています。捕捉率は2割程度ですから，ドイツ並みに引き上げると700万人を超え，戦後直後に匹敵する生活困窮者数となっています。子どもの貧困率は16.3％（2013年）と過去最高となり，ユニセフによると先進35か国中ワースト9位。65歳以上の高齢者は過去最高で全人口の24.1％（2012年）。障害者は全人口の5.8％（2012年）。発達障害者も含めるともっと多いと考えられます。

2 社会法と生存権理念

近代市民革命が，これらの人々を知らなかったわけではありません。しかし近代市民法は，個人の尊重，取引の自由，獲得した所有物に対する絶対的権利を原理とするものでした。すべての人間を抽象的に市民として平等にとらえて自由な経済活動を認めるものですから，封建社会との対比においては人権保障に資するものでしたが，具体的困難を解決するものではありませんでした。その後，産業革命により労働者が層として誕生し，国民国家が形成されることを経，国民からの改善要求と国家としての対応の必要性を反映して，具体的困難は社会問題となり一連の法規制がされました。これらは社会法と呼ばれ，国家が問題改善のための積極的配慮を求められる点に特徴があります。

社会法を主導する理念が生存権理念であり，憲法25条に「すべて国民は，健康で文化的な最低限度の生活を営む権利を有する」と規定されています。現代でも餓死が発生し（厚労省調査で2003年に93人），ホームレスも市町村職員による目視によっても約1万人（2012年），ネットカフェ難民も厚労省調査でも5千人を超えるなど，生存が脅かされている事態は依然として存在しています。しかし最低限度の生活とは，生存が保障されるだけではなく，健康で文化的な水準であることが求められます。憲法は，25条2項で社会保障，26条で教育，27条で労働保護，28条で団結保護について国民の権利を保障しています。国家はこれらの領域において，国民に健康で文化的な最低限度の生活を保障するため，問題改善を図らなければなりません。立法も進んでいる現在では，立法内容が健康で文化的な水準であることが問われます。労使関係のように権利保障が使用者にも求められる場合には，使用者も義務づけられます。

II 労働団体法・集団的労働関係法

1 労働組合活動の法的保護

　社会法の形成において主導的役割を果たしたのが労働組合運動であり，それによって形成された規範でした。労働問題を個々の労働者が解決することは困難です。そこで，劣悪な労働条件の改善，技能養成とそれによる労働市場の統制，職場の適正な運営等を求めて労働組合を作り，集団の力で解決を図ろうとしました。しかしそれは，近代市民法のもとでは自由な取引を妨害するものと考えられるため，立法により禁止され共謀罪として取り締まられ，財産権侵害として活動差止も命じられてきました。しかし労働組合の活動は続き，それを受けて法も変化し，自由に任せることを経て，現代では積極的に承認することとなっています。1948年に国連で採択された世界人権宣言23条は「すべて人は，自己の利益を保護するために労働組合を組織し，及びこれに加入する権利を有する」と規定し，国際人権規約A規約8条も労働組合を結成する権利，組合活動の権利，ストライキ権を認めています。国連の専門機関であるILO（国際労働機関）は，結社の自由及び団結権の保護に関する条約，団結権及び団体交渉権条約においてより具体的な権利を定めています。憲法28条も，この世界的流れの中で成立しているのです。

　憲法28条を受け，労働組合と使用者との集団的労使関係における権利内容を具体化した法分野が労働団体法・集団的労働関係法です。中心的な法律は労働組合法（労組法）ですが，体系的に整備されてはいませんので，法解釈，とりわけ有権解釈としての判例が大きな役割を果たしています。解釈にあたっては，日本における集団的労働関係が他の国と異なった組合組織により形成されていることを前提としなければなりません。日本以外の国が，特定の企業を越えて当該産業で働く労働者を組織する産業別組合組織であるのに対して，日本は，特定企業内の労働者で組織された企業別組合組織が大半を占めています。企業別組合は，産業別組合と比べると，規模が小さく人的にも金銭的にも弱いものです。また，当該企業の収益増大が組合員の利益と合致するという意識にとらわれやすく，組合運動での使用者が職場では上司であるなど，企業帰属意

識が優先される弱点を有しています。この中で，法の目的である労使対等を果たすことのできる解釈が求められるのです。

2 労働三権

憲法28条は，勤労者の団結権，団体交渉権，団体行動権を保障しており，これらは労働三権と呼ばれます。労働団体法は労働組合の活動の場を保障するものであり，その手段としては，正当な組合活動に対して，刑事罰を科すことをしない（刑事免責），損害賠償の請求ができない（民事免責），懲戒処分ができない（不利益取扱の禁止），さらには，不当労働行為制度を通じて行政救済を受けられる，との法的保護によります。労働三権は公務員に対しては，法律によって制限されているか否認されています。この法律は憲法に反するとも考えられ，ILOからも繰り返し改善勧告を受けていますが，改正されないままです。とりわけ争議行為は，全公務員に対しいかなる形態であれ禁止されており争われてきました。最高裁は一時，国民に与える影響との比較衡量により，合理的な必要最小限の制限のみ可能であるとして，合憲的限定解釈の立場をとりました。しかしその後，公務員の労働条件は議会により決定されるので，それを争議行為により歪めることは議会制民主主義に反するとの財政民主主義論の立場に変わり合憲と判断し，現在も継続しています。

3 団結権

団結権は，労働組合を組織する権利と，自由に組合活動を行う権利を含んでいます。労働組合を組織するのは自由ですが，法的保護を受けるためには条件を充たす必要があります。第1に，労働者による組織であること—労働者とは，労働組合を組織して自らの生活を維持改善しようとする者であり，雇用関係があるものに限定されず失業者や被解雇者も含まれます。契約上は個人事業主とされていても，事業組織に組み込まれている等から判断されます。第2に，自主的な組織であること—労組法は，使用者の利益代表者の参加を許すものや，使用者からの経費援助を受けるものに自主性が欠けると規定しています。第3に，主たる目的が経済的地位の向上であること—労働組合が政治活動や共済活動を行うことは当然ですが，それを主たる目的とすることはできません。第4に，団体としての意思が形成できること—規約をもち組織的に運営されていること等から判断されます。少数意見の取扱いが問題となりますが，た

Chapter 6 社会法の考え方

トピカ　使用者による便宜供与

　労働組合は国際人権規約A規約にも定められている通り，自由に活動する権利が認められます。企業別組合は企業内での活動が中心となるため，使用者の権限との衝突が問題となります。企業施設を利用する場合，判例では，企業秩序を侵害するか否かで正当性が判断されています。勤務時間中に活動する場合，業務に支障がないとか原因が使用者にあるならば，単純に労働契約上の義務違反とのみ判断はできません。また，使用者は労働組合に対して，企業施設を無料あるいは低い賃料で組合事務所に供与したり，組合費を給与から控除しその控除分を組合に渡す措置をとったり（チェック・オフ），従業員の身分を維持したまま労働組合の活動に専従させることを認める（在籍専従）など，経費援助にならない範囲で便宜を供与することが通例です。便宜供与を使用者が一方的に廃止する場合に争いとなりますが，単純に使用者との合意が必要と解するのではなく，団結権として組合活動が保障されていることを考慮しなければなりません。

とえば特定政党支持を労働組合が決議することは可能ですが，従わない組合員にも思想信条の自由が認められるため統制処分はできません。

4　団体交渉権

　団体交渉権は，交渉を使用者に義務づける権利と，交渉結果を書面にした労働協約の拘束力を認める内容を含んでいます。使用者は任意に交渉に応じることができますが，義務づけるには条件が充たされなければなりません。第1に，正当な当事者であること―労働組合とその対抗関係にある使用者とが典型例ですが，労働組合の上部団体や下部組織あるいは争議団であっても労働組合の要件を充たすのであれば正当な当事者です。使用者も，雇用主だけでなく，同視できるほど現実的かつ具体的に支配・決定できる者も含まれます。複数の労働組合がある場合にはいずれも正当な当事者であり，使用者は両組合に対し中立保持義務を負います。第2に，正当な担当者であること―労使ともに執行部が典型例ですが，正当な手続を経て交渉委任もできます。第3に，正当な交渉事項であること―労働条件が典型例ですが，経営事項であっても労働条件に関連すれば正当な交渉事項です。第4に，正当な態様であることであり，誠実に交渉することが必要です。

　交渉の結果，合意にいたると労働協約が締結されます。労働協約のうち，賃

金や労働時間といった労働者の待遇を定めた部分には，規範的効力が認められます（労組16条）。規範的効力とは，労働契約の条件が労働協約の基準に反する場合に，それが無効となり労働協約の定める通りとなる効力です。労働協約の条件が悪い場合にも規範的効力が認められますが，悪い条件で労働協約を締結することにつき，労働組合内部で合意を得るための手続が適正にとられていることが必要です。この効力を認めるためには労働協約内容に争いのないことが必要ですから，締結には書面の作成と両当事者の署名あるいは記名押印が求められます（労組14条）。効力が長期にわたると労使双方に不都合も生じますから，3年が最長期間と定められています（労組15条）。期間満了後も裁判所は，労働契約上の合意を判断する材料として従来の労働協約の内容を斟酌する態度をとっています。

5　団体行動権（争議権）

団体行動権は，労働者あるいは労働組合が自らの要求を実現するために団体行動を行う権利です。団体行動の中心である争議行為は，使用者の業務の正常な運営を阻害することを含みますから，かつては刑事ならびに民事の責任が課せられてきました。しかし今日では，労働者の地位向上や労働条件の維持改善にとって不可欠であり，権利として保障されています。その正当性は権利保障の根拠との関係で判断されるべきですが，一般的には団体行動の目的と手段・態様の両面から判断されています。正当な目的の典型例は労働条件の維持改善を求めるものです。しかし，労働条件の維持改善に関連するものであれば，経営事項に関わるものであっても正当です。正当な手段・態様の典型例はストライキです。労務提供しない消極的態様であるからです。より積極的に業務を阻害する行為については議論があります。争議行為は使用者にも認められます。作業所を閉鎖し労働者を排除するロックアウトの形態をとり，賃金支払義務を免れます。このロックアウトは，労働者の争議行為に対する対抗防御手段としてのみ認められ，先制的ロックアウトは認められません。

6　不当労働行為

権利が侵害された場合には，裁判所による司法救済が受けられますが，労使関係においてはそれだけでは不都合も生じます。裁判では権利義務関係を確定するため慎重な審理が必要ですが，時間がかかるとその間に労働組合の存続自

体が危うくなることもあります。勝訴すると金銭賠償を得られますが、むしろ健全な労使関係の存続こそが必要です。裁判では利益を得る一方当事者が自らの主張が正しいことを証明しなければなりませんが、労働組合にそれは困難です。そのため労組法は行政による救済の制度を創設しました。それが労働委員会であり、権利義務関係の確定ではなく、労使紛争のない原状への回復を目的として、簡易迅速かつ柔軟に解決を図ろうとしています。

都道府県知事が所轄する47の地方労働委員会と、厚生労働大臣が所轄する中央労働委員会が設けられています。公益代表、労働者代表、使用者代表の三者同数の委員により審査されることが特徴であり、労働組合からの申立てに基づき、救済命令を発します。行政機関が活動するには根拠法が必要ですので、労組法は、労働委員会が審査する対象行為を不当労働行為として類型化しています（労組7条）。使用者が組合活動を理由として労働者を不利益に取り扱うことの禁止（同条1号・4号）、使用者が団体交渉を拒否することの禁止（同条2号）、使用者が労働組合を支配介入することの禁止（同条3号）の3種類があり、労使紛争の多くは対象となります。しかし、結果的に五審制になりかえって時間がかかる、救済命令に従わない使用者に対する強制力が弱い、労働委員会の事実認定を裁判所が尊重する立場が採られていないため事実認定を覆されることを回避したい労働委員会が裁判類似の手続をとってしまう、などの課題も生じています。

Ⅲ　労働保護法・個別的労働関係法

1　個別労働者の保護

労働者の地位向上と労働条件の維持改善が労働組合の役割であるとしても、労働組合の存在しない職場もあり、労働組合の活動によっても侵害できない労働条件もあります。そこで、法律によって個々の労働者の最低限の労働基準を設定しています。最低基準ですから、労働協約や労働契約によってあるいは会社の判断によって、より高い基準を設定することに問題はありませんし、むしろそれが予定されています。関連する法律は40を越えますが、その総称が労働保護法・個別的労働関係法です。労働保護法としての本格的な法律は、1947年

に制定された労働基準法（労基法）に始まります。その後,「規制緩和」により規制が柔軟化されており，今後の方向性についての議論が求められます。

2　労働憲章

労基法はまず，労働条件が人たるに値する生活を営む必要を充たすこと（労基1条），労働条件の労使対等決定（労基2条）の原則を定めています。その上で，差別的取扱い（労基3条），意思に反する労働の強制（労基5条），中間搾取（労基6条），公民権行使の拒否（労基7条）を罰則付きで禁止しています。これらは労働憲章と呼ばれます。さらに，労働者の退職の自由を侵害する，賠償予定（労基16条），前借金相殺（労基17条），強制貯金（労基18条）を禁止しています。働く場で市民的自由が侵害されるのはこれらに限られません。所持品検査，監視カメラや電子メールチェックによる監視，政治活動や組合支持等の調査，服装規定違反での懲戒などがあり，損害賠償は認められますが，人格権を根拠として違法行為を差し止めることが課題となっています。

性差別については，労基法では賃金における差別を禁止している（労基4条）のみですが，男女雇用機会均等法によって，募集・採用（雇均5条）から配置・昇進，福利厚生，雇用形態変更，退職（雇均6条）までほぼ全局面において差別が禁止されています。さらに，直接的性差別の禁止だけでなく，性別以外の事由が理由ではあるが結果的に性差別となる間接差別も禁止されています（雇均7条）。しかし，適用対象が5％以下にすぎないとも批判され，パートタイム差別も含めた適用が課題です。また，使用者の人事権との関連で裁判所は昇進・昇格を命じることができるか，性的指向による差別の是正，など課題は多く残っています。

3　労働契約

近代の労使関係は，働く者が一方的に雇われるものではなく，労使間での労働契約に基づいて働いているところに特徴があります。労働契約法は，使用されることと賃金を支払うことの合意によって労働契約が成立し（労契6条），内容変更には合意が必要であり（労契8条），一方的解約である解雇は無効（労契16条）と定めています。民法の雇用契約と比較すると，使用者からの解約ができない，予告期間が長い，有期契約の期間が短いなど，労働者保護の点での違いが見られ，単純な労使合意ではなく，生存権保障のための労働者保護の性格

をもっています。合意解釈にあたってもこの性格を考慮に入れなければなりません。

　使用者から採用内定通知が発せられ，労働者もそれに同意すれば，採用内定で労働契約が成立します。それ以前の内々定の段階でも，合意解釈により労働契約成立が認められるべきです。配置転換は契約内容の変更ですから，原則として合意なくして変更できないのですが，最高裁は変更内容が合理的であることを条件に配置転換の有効性を承認しています。しかし今後は，労働契約上の合意を尊重する解釈であるべきです。解雇が例外的に正当化される場合も限定的に解釈されています。労働者の能力不足があっても，使用者に能力開発や可能な職種への転換を求めていますし，経営上の理由を根拠とする場合にはさらに厳格な要件が課せられます。ただし，退職は労働者の自由ですから，それを口実として使用者から退職を強要されることへの対処が必要です。

4　労働条件

　賃金が労働者の生活にとってとりわけ重要であることから，労基法は，賃金が確実に労働者に支払われるよう通貨払，直接払，全額払，定期払の原則を定めており（労基24条），判例は，使用者による賃金の不利益変更に高度の必要性を要求しています。ただし最高裁は，賃金を労働者が自由に放棄できると判断していますので，放棄を迫られる危険性が残ります。また，使用者がその金額までは必ず支払わなければならない最低賃金が定められています。都道府県ごとの地域的最低賃金は，賃金中央値に対する水準において OECD 22か国中で下から2番目と低く，ワーキングプアの解決が課題です。さらに，総額人件費の約2割を占める福利厚生については，近年削減の動きが顕著ですが，受給権を保障するための法理が必要とされています。

　労働時間について労基法は，週40時間・1日8時間を罰則付きで上限と定めています（労基32条）。労基法は，1か月あるいは1年を平均して週40時間であればよいといった柔軟な運用も認めていますが，労働者の生活に大きな影響を与えるため，様々な要件を充たさなければなりません。労働時間を延長するためには，使用者は，労働者代表と協定を締結し（労基36条），残業時間が1か月に60時間以内であれば125％以上，60時間を越えると150％以上の割増賃金を支払わなければなりません（労基37条）。ただしこの規定は使用者が刑罰を免れる

ためのものであり，労働者が残業義務を負うのは残業の合意がある場合のみです。合意のあり方が問題となりますが，最高裁は就業規則上の残業義務規定を根拠に合意の成立を認めており，合意を実質化することが必要です。管理監督者が適用除外となっていること（労基41条）を理由に，中間管理職に残業手当が支払われないことがありますが，管理監督者とは出退勤について規制を受けず自分で時間管理ができる者のことをいいますので，中間管理職がこれにあたることはまずあり得ません。

　休憩は，労働時間が6時間を越えれば45分以上，8時間を越えれば1時間以上を勤務時間の途中に一斉に（労基34条），休日は週1日以上を（労基35条），与える義務を使用者に課しています。年次有給休暇（年休）は，勤続年数に応じて10日から20日を，労働者の指定する時季に与えなければなりません（労基39条）。実際には年休は付与日数の半分しか消化されていませんので，使用者には年休取得を前提とした人員配置などが求められます。

5　労働環境

　会社を組織として運営し，労働者が共同作業できるためには規律が必要であり，それを定めたものが就業規則です。本来，労働条件は労働協約あるいは労働契約によって定められ，それをもとに規律を定めます。しかし日本では，契約内容が明確あるいは詳細ではないため，事実上，就業規則が労働条件を左右することになっています。そこで，労働者保護のため法規制が求められますが，労基法は，必要記載事項を定めた上での作成義務（労基89条），労基署長への届出義務（同条），労働者代表の意見聴取義務（労基90条），周知義務（労基106条）を定めるのみです。労働者や労働組合との合意によって作成されるわけではありませんので，使用者が就業規則を変更することによって労働条件を変更する場合，とりわけ労働者に不利益に変更する場合に問題となります。労働契約法は，原則として労働者との合意なしに変更はできないが（労契9条），内容が合理的であり周知されていれば就業規則によって変更できると規定しています（労契10条）。合理的内容を限定的に解釈していくことが課題です。

　労働災害を防止するための諸施策を定めた労働安全衛生法が立法されていますが，それでも事故が起こった場合，使用者に故意・過失があれば労働者は損害賠償を請求できます。しかし実際にはその証明は困難です。そうすると，労

働者は事故のため収入がないにもかかわらず補償もされないことになります。そこで，労働者保護のため労基法は，業務上の災害であれば使用者に無過失責任を負わせる労災補償制度を設けました（労基第8章）。さらに，使用者の補償支払を担保するため，使用者の責任保険として公的な労災補償保険を設立しています。1年で1万人が過労死すると推定されていますが，実際に労災と認められるのは300人程度であるように，認定基準のあり方が問題です。また，ハラスメント加害者を雇用する使用者が，職場環境配慮義務を怠ったとして責任を問えることも必要です。

6 多様な雇用・就業形態

　国際的にはパートタイマーとは，フルタイマーよりも労働時間の短い者を指しますので，日本では正社員中の短時間労働者に相当します。それに対して日本のパートタイマーは，雇用期間が定まっている有期契約であることに特徴がありますから，国際的には臨時労働者に相当します。有期契約であるため，雇用が不安定であり，年功賃金制度のもとでは低賃金となり，女性比率が多くなり，フルタイマーと同じ時間働く疑似パートが多く存在することになっています。パートタイマーも労働者ですから，労働法が適用されるのは当然ですが，短時間の就労であることに対応して，労基法は年次有給休暇の比例付与を定め，社会保険法も就労時間の短い者を適用除外としています。同一労働同一賃金原則の適用が求められますが，裁判所は雇用形態の相違から認めず，パートタイム労働法（短時間労働者の雇用管理の改善等に関する法律）も均衡な処遇を求めるにとどまっています（短時労9条）。格差の根源は有期契約にあるのですが，労働契約法は，5年を越えた場合の無期契約への転換（労契18条），合理的理由のない更新拒否禁止（労契19条），不合理な労働条件の禁止（労契20条）を定めるのみで，有期契約締結に合理的理由が必要であることまでは要求できていません。

　派遣労働者は，派遣元企業に雇用され派遣先企業で就労する，雇用と就労が分離している点に特徴があります。報酬は，派遣先企業から派遣契約を通じて派遣元企業に支払われ，派遣元企業が労働者に賃金を支払う形になりますから，元来は，派遣元企業が他人の就業に介入して利益を得るものとして労基法によって禁止されていました（労基6条）。ところが，違法派遣が横行する中

で，1985年に労働者派遣法が制定され，一定の派遣労働を法認するとともに，労基法上の使用者責任を派遣元企業と派遣先企業のいずれが負うかを明確にしました。その後，法認された業種は拡大して現在では原則自由となり，製造業の単純業務も認められ，直接雇用であるパートから間接雇用である派遣へと移行させる傾向もみられます。派遣労働者は派遣先企業での仕事がある場合のみの就業ですから雇用は不安定ですし，単純労働の場合には賃金水準も低く，格差社会の原因となっています。

　法規制を回避したい使用者の要請と，就業の多様化から，雇用以外の形態で他人の労働力を利用することが増えています。その一例である請負は仕事の完成を目的とする形態ですから（民632条），発注者からの指揮命令は受けないものですが，労働者の代替として使う場合には，必然的に使用者からの指揮命令が発生します。これは偽装請負と呼ばれ明らかに違法ですが，その救済として直接雇用を認めるか否かについては議論が続いています。非労働者化の動きのため，改めて労働者とは何かが問題となっています。使用者から指揮命令を受ける人的従属と，賃金を支払われる経済的従属から判断されますが，労働者とされても，大学教員・プロスポーツ選手・芸能人など労働法の全条項を適用するのが不適当な者への対応，非労働者とされた場合にはそれらの人々の保護，が課題です。

7　基準監督

　労基法は，使用者による法律の遵守を監督するために，監督機関を設置しています（労基第11章）。厚労省労働基準主計局，都道府県労働局，その指揮を受ける全国326の労働基準監督署，計3千181人（2012年）の労働基準監督官（労基官）が基準監督や労災認定にあたっています。労基官は，臨検等を行い是正勧告するという行政機関として権限に加え，捜査し，逮捕・送検する司法警察官としての権限も有しており，監督のために強い権限を与えられている点に特徴があります。しかし第1に，労基官の数が少ない問題があります。ILOは労働者1万人あたり労基官1人が必要であると目安を示していますが，日本では0.53人と半数しかいません。事業所数との関係でも，30年に一度しか監督できない人数にすぎません。第2に，申告件数が少なく，労基法違反が監督の場に現れてこない問題があります。第3に，基準監督は労働者の権利保護という

よりも、あくまで法違反を是正するためのものとされているため、申告に対する監督義務はないと解されていますし、労基法に規定されていない事項についての監督は行わない問題があります。第4に、送検件数は年間1千件程度であり、むしろ自主的解決を図ろうとしている問題があります。

Ⅳ 社会保障法

1 社会保障法の原則

社会保障法分野の法律は、一貫した原則に基づいて立法されてはいません。現在の社会保障に関する議論は財源論が中心になっており、財政危機を根拠として、公的責任が後退し自己責任が強調されるものとなっています。しかし本来は、法の果たすべき役割を明確にし、その関係で立法と運用を検証していくことが求められます。社会保障法の原則を検討するにあたっては、社会保障憲章をめぐる議論が参考となります。第1に、憲法25条に規定された生存権保障が大原則です。第2に、権利であることの原則が考えられます。権利主体の包括性、無差別・平等性、請求権と争訟権の保障が挙げられるでしょう。第3に、給付の包括性と必要・十分性の原則。第4に、国と地方公共団体の責任原則。第5に、民主制の原則。権利者の自己決定権保障、情報公開、運営への参画が挙げられます。これらを原則として確立していくことが必要です。

日本では、生活困窮に対する公的扶助や生活障害に対する公的サービスを給付する社会福祉法と、高齢期の所得喪失や健康障害という危険に対して保険形式により公的に生活保障を行う社会保険法、の2分野から主に社会保障法は成り立っています。これら以外にも、広義には公衆衛生関連法も社会保障法の分野に含まれますし、労働現場での事故への対処から始まった労働保険法（労災補償保険法、雇用保険法）も社会保険法の領域に含まれます。

2 公的扶助法（生活保護法）

生活困窮者に対して国が扶助を行う制度であり、国民にとって最後のセーフティネットです。生活保護法は、生存権保障、無差別平等、最低生活保障、補足性の4原理を定めており、解釈および運用はこの原理に基づかなければなりません。保護は、申請保護、基準および程度、必要即応、世帯単位の4原則に

基づき行われます。生活扶助，教育扶助，住宅扶助，医療扶助，介護扶助，出産扶助，生業扶助，葬祭扶助の8種類があり，基本的には金銭給付によりますが医療扶助は医療給付によっています。法改正により就労自立支援金が設けられ，生活困窮者自立支援法により自立相談支援事業等が始まる等，今後は就労による自立が促進されます。保護水準が生存権保障原理を充たしているのか問題ですが，そもそも要保護者に対し給付されていない問題があります。不正受給防止を名目とした適正化方針によるもので，要保護者が申請のため福祉事務所に出向いても申請でなく相談と扱う「水際作戦」，辞退届を提出させた保護打切り等によっていますが，明らかな違法行為です。

3 社会福祉サービス法・社会手当法

福祉事務所等のサービス実施体制については社会福祉法が，個人の尊厳の保持と自立，地域福祉の推進，利用者の意向の尊重，提供体制確保の公的責任の各原則を定めて規正しています。そのもとで児童，障害者，高齢者，母子家庭といった生活障害に対する個別福祉法によるサービスと，社会手当法による金銭給付が行われています。

18歳未満の児童の健全育成のため児童福祉法は，保育所等の児童福祉施設への入所や放課後児童健全育成事業等の子育て支援等によって保育を保障し，児童相談所を設置しています。また，児童手当法等によって，児童を養育している者への金銭給付が行われています。保育所に入所できない待機児童が課題ですが，子ども・子育て支援法により，保育所・認定こども園・幼稚園・小規模保育・家庭的保育等を組み合わせた支援制度が始まります。しかし，育児休暇取得も進んでいず，働かせ方の改善が重要です。

障害者に対しては，障害者の自立と社会参加を理念とする障害者基本法のもとで，障害者総合支援法によってサービスを一元化し，支援費支給制度によって就労支援が強化された施策が行われています。居宅介護や施設入所支援などの介護給付等の自立支援給付，地域生活支援事業が行われ，身体障害者福祉法，知的障害者福祉法，精神保健福祉法によってそれぞれの障害種別毎の施策が行われます。障害者差別解消法にもあるように，障害者が能力を発揮できるための合理的配慮を具体化していくことが課題となっています。

高齢者に対しては，老人福祉法が養護老人ホーム等の老人福祉施設への入所

と居宅介護等を規定していますが，医療は高齢者医療確保法，介護は介護保険法がまず適用され，やむを得ない事由によって利用できない場合に本法が適用されます。母子・父子家庭に対しては，母子及び寡婦福祉法が，自立・就業に主眼を置いた支援を行っています。

4　年金保険法

高齢期の所得保障として，国民皆年金体制のもと，国または公的団体が保険者となり，拠出制のもとで，老齢・障害・死亡という保険事故が発生した場合に被保険者に対して金銭給付を行う制度です。20歳以上60歳未満の全国民が強制加入し給付を行う国民年金（基礎年金）と，それに上乗せして報酬比例の年金を給付する被用者対象の厚生年金保険という「2階建て」の制度となっています。任意加入の国民年金基金・厚生年金基金・企業年金という「3階」の上積みもあります。

国民年金法は，政府が管掌し（保険者），自営業者等（一号），被用者（二号）とその配偶者（三号）を被保険者としています。一号被保険者は保険料を直接支払い，二号被保険者は加入している厚生年金等が拠出し，三号被保険者の保険料は二号被保険者の保険料に含まれます。65歳に達すると老齢基礎年金，障害等級に応じて障害基礎年金が，被保険者の死亡により遺族基礎年金等が，厚生労働大臣の裁定に基づき給付されます。国庫からの支出が抑制され年金財政が逼迫する一方で，保険料の未納者も増大し空洞化が問題となっています。

厚生年金法は，政府が管掌し（保険者），法の定める適用事業所に使用される70歳未満の者が強制的に被保険者となります。保険料は事業主と被保険者が折半して納付し，老齢厚生年金，障害厚生年金，遺族厚生年金が裁定に基づき給付されます。被用者年金には，国家公務員共済，地方公務員等共済，私立学校教職員共済もありましたが，厚生年金保険へ統合されます。パートタイマーの加入が課題です。

国民年金基金は地域や職能単位で一号被保険者が設立し，厚生年金基金は老齢厚生年金の一部の代行と独自の上乗せ給付のため設立するもので，給付される額が定まっている確定給付型と，企業の拠出する額が定まっている確定拠出型があります。企業の都合により基金の解散や給付額の減額が起こり，受給権保護が必要です。確定拠出型への転換も増えていますが，給付額が積立金の運

用次第で増減し，老後保障にとってリスクがあります。

5 医療保険法

国民皆保険体制のもと，市町村や公的団体が保険者となり，拠出制のもとで，疾病，負傷，出産または死亡という保険事故が発生した場合，被保険者に対して医療給付を行う制度です。日本の制度は職域や地域で分立しており，被用者は健康保険法や各種共済組合法，それ以外の自営業者や退職者等は国民健康保険法が適用されます。被用者保険も，中小企業被用者の多い協会けんぽ，大企業被用者の多い組合健康保険，国家公務員・地方公務員・私学教職員の共済，船員保険と分立しています。

国民健康保険法は市町村，健康保険法は協会管掌については全国健康保険協会，組合管掌については各健康保険組合，各共済組合法は各共済組合，船員保険法は全国健康保険協会が，保険者となります。国民健康保険法は区域内に住所を有することで，健康保険法・各共済組合法は適用事業所に使用された日に，被保険者資格が発生します。被保険者は疾病に罹患したり負傷した場合には，費用の一部を自己負担した上で，保険医療機関で保険医療サービスを受けられます。保険医療機関は，保険者が審査支払業務を委託している国民健康保険団体連合会（国民健康保険法），社会保険診療報酬支払基金（健康保険法）に対して診療報酬を請求し，診療内容毎に定められた点数に基づいた金額が支払われます。高齢化に伴う医療費増大と保険料収入の不足が医療保険制度の最大の問題であるとされていますが，これは，保険方式の収支相当原則を不当に強調したものです。

6 高齢者医療確保法・介護保険法

高齢者医療については医療費増大と高齢者特有の医療が課題とされ，対策として介護保険法と高齢者医療確保法が立法されました。高齢者医療確保法は，医療保険から後期高齢者を切り離し独自の保険を作るものです。保険者を都道府県ごとに全市町村が加入し作られた後期高齢者医療広域連合とし，区域内に居住する75歳以上の者と65歳以上75歳未満の者であって当該連合が認定した者を，加入していた医療保険を脱退させた上で被保険者とします。医療費は自己負担分を除く半分を国と都道府県が負担し，残りは保険料と他の社会保険からの支援金でまかなわれ，保険料は高齢者も年金から天引きされる形で納付しま

す。従来被扶養者であった高齢者には新たな保険料負担となり，診療報酬が疾病ごとに定額となったことによる診療抑制等から，高齢者いじめであると批判されています。

　高齢者に対する介護サービスはかつては福祉サービスでしたが，要介護の高齢者が医療機関に入院する社会的入院，医療費の増大，家族介護の負担過大化等の問題が生じ，保険給付へと変更されました。介護保険法は，市町村を保険者とし，区域内に住所を有する65歳以上の者（一号），40歳以上65歳未満の医療保険加入者（二号）を被保険者とします。一号被保険者の保険料は年金から天引きされ，二号被保険者の保険料は加入する医療保険の保険者が徴収し社会保険診療報酬支払基金に一括納入します。要介護者は介護給付が，要支援者は予防給付を受けられますが，受給のためには認定を受け1割の自己負担が必要です。介護保険料の高額化や必要な介護が給付されていない等，批判されています。

▶ EXAM 設問

［問1］　パートタイマーが不利益を被っていると考えられる事項を整理し，権利保障のためにいかなる手段をとるべきか論じなさい。

［問2］　若年者の雇用を促進するため，活用できる法制度について検討しなさい。

【参考文献】

西谷敏『規制が支える自己決定』法律文化社，2004年。

福祉国家と基本法研究会編著『新たな福祉国家を展望する』旬報社，2011年。

Chapter 7

刑法の基本原則

●なぜ刑法は劇薬であるといわれるのでしょうか。

　劇薬は，激しい薬理作用をもち，使用法を誤ると生命を奪いかねません。劇薬は，的確に使われれば難病をも治すことができるのですが，使い方を誤ると元も子もなくなるということです。刑法が犯罪に対して科す刑罰は，法的制裁の中で最も峻厳なものとなっています。犯罪は重大な反社会的行為だとされているからです。必要とあれば一生涯刑務所に収容して自由をはく奪することもできるのが刑罰です。また，犯罪の疑いがあれば，逮捕・勾留や強制捜索・押収も可能です。さらに，社会に敵対したものとして様々な社会的な反発やそれに伴う不利益を受けることになります。その作用はまさに劇薬というにふさわしいでしょう。無実の人を劇薬で苦しめてはなりません。また，刑法以外の手段で済ますことができるところに劇薬である刑法を用いることは許されないでしょう。刑法を的確かつ適正に使うためにあるのが，刑法の基本原則です。

◆この章で学ぶこと◆

・刑法と道徳・倫理との関係はどうあるべきなのでしょうか。
・刑法の役割・機能はどのようなものなのでしょうか。
・刑法の基本原則は何であり，それがなぜ必要なのでしょうか。

I　刑法についての基本的な考え方

1　刑法と道徳の関係

　Xは，恨みを抱いている相手Aを殺してやろうと考え，その思いと決意を日記に綴りました。Xは，他の窃盗事件の容疑で家宅捜索を受け，その日記

も押収されました。その日記を調べた警察官 Y は，X が A に対する殺意を抱いていたことを知るにいたります。Y は，X を殺人罪で逮捕できるでしょうか。

恨みを抱いた人を殺してしまいたいと思う。このような思い自体，人を殺してはいけないという道徳規範に反するということができるでしょう。本心での規範遵守を求める道徳においては，殺意を抱くことだけでも罪を犯したとされるからです。

それではそれを刑法上の犯罪にもできるのでしょうか。人の内心は他人が知ることができず，それゆえ証明できないものだから，厳格な証明の必要な刑法上の犯罪とするになじまないということも可能です。けれども，上の例のように日記に記したことで他人も証明できる場合なら，処罰してもよいのでしょうか。

これは，刑法と道徳・倫理の関係をどうするかという問題です。殺人が，重大犯罪であり，かつ，最大の道徳違反であることに疑いありません。ここから明らかなのは，犯罪は道徳的にも重大な違反であって初めて刑法上の重大犯罪にも値するということです。*

> ＊**行政法罰則規定の問題**　行政法上の罰則に掲げられている犯罪には，自動車運転免許証の過失による不携帯罪（道交121条2項）などのように，たんに行政取締の便宜上犯罪にされているものが多くあります。そのような道徳違反の希薄なものが本当に犯罪に値するのかという疑問も提起されているところです。

問題は，道徳的に重大な違反があれば，それだけで犯罪にできるのか，それとも犯罪とするにはそれ以外の条件，たとえば実際に人を殺す行為をすること，が必要なのかということにあります。

2　モラリズムと侵害（行為）原理

この問題への答えは，人間や社会のあり方についての見解の相違に応じて異なってきます。人々が互いに自由な精神活動を尊重し合い，各自が自由に創意工夫を発揮できるような社会を望ましいとするのか。あるいは，人々の行動はその内心の考えにより決定されるのだから，社会秩序を維持するためには外部に表れる行動だけでなく，思想・信条などの考え方自体を法的に規制できるようにすべきだとするのか。後者の見解ですと，道徳的に許されない考えや思い

を抱くだけでも，証明が可能な場合は犯罪にすべきだということになるでしょう。これをモラリズムといいます。それに対し，前者の見解からは，道徳違反の内心だけでなく，実際に他人を害する行為（他害行為）であって初めて犯罪にできることになります。

　このような見解の対立はまた，自由という人権をめぐる対立であるといってよいでしょう。近代の人権宣言で自由が人権として確立され，自由とは「他人を害しないすべてをなすことができることにある」（たとえばフランス1789年「人および市民の権利宣言」4条）とされました。この意味での自由は，今日の日本国憲法（12条・13条など）でも基本的人権として保障されているところです。刑法が犯罪を規定するにあたってもそのような自由を無視することは許されません。他人を害しない行為は自由なのですから，人の行為を制限するにはその行為が他人を害するものでなければなりません。これを他害原理といいます。この原理は刑法学では従来，侵害（行為）原理ともいわれてきました。

3　「被害者なき犯罪」，不快原理

　わいせつな表現行為を犯罪として処罰できるかという問題があります。わいせつな行為でも強姦や強制わいせつのように人を不正に攻撃してその性的自由を侵害する行為が他人を害する他害行為であることに疑いありません。けれども，わいせつ図画や文書などのわいせつ物を販売する行為が現行刑法上処罰されるのは健全な社会的性風俗を保護するためであるとされることには強い批判が向けられています。健全な社会的風俗の保護論からすると，欲しい人に販売することまで犯罪にされます。つまり，具体的な被害者がいないのに処罰されるわけです。これを「被害者なき犯罪」の問題といいます。具体的な被害者を想定できない場合にまで，社会的風俗や社会的倫理を刑法で保護してよいのでしょうか。他害（行為）原理に照らし疑問が出されます。

　同様の問題が，「薬物の自己使用」などについても指摘されています。

　そこで，公衆の性的自己決定権を侵害することにわいせつ表現処罰の根拠を求める見解が有力になります。その性的自己決定権は，わいせつな物を見るか見ないかを自ら決定する権利です。見たくない人に無理やり見せる行為や自己決定能力のない未成年者に見せる行為は犯罪にするのですが，見たい成人に見せる行為は不可罰にします。このことによって「被害者なき犯罪」の問題を解

決しようとするわけです。

　しかしながら，見たいか見たくないかは，好き嫌いの感情であるにすぎないのではないでしょうか。感情は人によって，また時や場所によって異なります。このように主観的で人により様々なものを刑法で保護することが果たして適切なのかという問題が出てきます。

　この問題に対しては賛否両論があります。今日では，思想，信条および良心の自由が基本的人権として確立しています。それゆえ，内心の考えを危険視してそれだけで処罰することが許されないことに異論はありません。けれども，内心にとどまらずその思いや考えを他者に向け表現し，それがその他人の道徳感情を害するとか，不快にさせるとかした場合はどうでしょうか。わいせつな表現行為により他人の性的な感情を損なうことも同様です。

　侵害（行為）原理からしますと，たんに不快にさせただけで犯罪にすることはできないでしょう。しかし，不快な思いをさせられることに耐えられないという人もいます。そのような人が多くいて一般性をもつ場合，一般人の不快感を防止するために一般人を不快にさせる行為を法的に規制すべきだとの考えが登場します。その根拠とされているものを不快原理といいます。タバコのポイ捨てや落書き，路上での執拗な勧誘活動，ストーカー行為などを迷惑行為ないし反社会的振舞い（anti-social behavior）として法的に規制する動きが広がっています。

　もっとも，この法的規制には，犯罪として刑罰の対象とする刑事規制にまで行き着くものもありますが，行政や民事レベルの規制にとどめるものもあります。後者の行政レベルとしては，たとえば行政当局による警告，中止命令，過料などがあります。さらに，民事レベルでは，当該行為の差止めや仮処分，損害賠償請求などが挙げられます。

　不快原理による法的規制が拡大している背景にはまず，人々の人格的自律性への想いの高まりとその侵害への反発の高まりがあります。それとともに，人々がバラバラになるにつれ，身近な問題については「お上」の強制力に頼るのでなく自分たちで解決しようとする自治意識や寛容の精神が後退しているからだとの指摘もあります。

　いずれにせよ，人々が孤立分散し相互不信に陥るのでなく，相互に信頼し助

け合う包容と連帯の社会，コミュニティづくりが犯罪や迷惑行為の予防にとっても重要になっているというべきでしょう。

4 刑法の機能

刑法の役割はどのようなものなのでしょうか。これは刑法の機能として論じられてきました。

[1] **法益保護機能と行為規制機能** 人を殺害すれば，刑法199条の殺人罪になり，死刑，無期懲役または5年以上の有期懲役に処せられます。また，他人の財物を窃取すれば，刑法235条の窃盗罪となり，10年以下の懲役または50万円以下の罰金に処せられます。このように殺人や窃盗を処罰するのは，犯罪により侵害される生命や財産を刑法が人の生存に不可欠なものと認め，刑法により保護すべき利益だとしているからです。法によって保護されている，あるいは保護されるべき利益のことを法益といいます。刑法は犯罪と刑罰を規定することにより人の生存にとり不可欠・重大な諸法益を保護しているのです。これを刑法の法益保護機能といいます。

法益保護機能を刑法による犯罪予防機能と表裏の関係にあるものとする見解によりますと，刑法は人々が犯罪に出ないようにその行為を規制する機能も備えていることになります。刑法は法文の規定形式からしますと制裁規範（裁決規範）ですが，その前提として行為を禁止・命令する行為規範も含まれていると考えられているのです。

[2] **自由保障機能** 他方で刑法は，犯罪と刑罰を法定することにより，刑法に定めた通りにしか刑罰権を発動できないようにして，刑罰権力を法的に拘束し，刑罰権の濫用を防止するという機能も果たします。これは市民の側から見れば，刑罰権の濫用から自分たちの自由を守ってくれる機能であるとともに，刑法を見ておけば思いもよらずに処罰されることはなく，予測（計算）可能性をもって行動することができるということでもあります。これを自由保障機能といいます。

この自由保障機能を支えているのが，近代刑法原則である罪刑法定主義であり，さらにその実質を構成する謙抑主義，侵害（行為）原理，責任原理なのです。

Ⅱ 刑法の基本原則

1 謙抑主義

　刑法が犯罪に対して科すとする刑罰は，国家に認められた法的制裁の中で最も峻厳なものです。そのようにいうと，「いや，刑罰である10万円の罰金より10億円の損害賠償の方が重い」と言う人もいます。確かに，金額だけ見ると，10億円の方が重いでしょう。けれども，罰金が犯罪に対して科される刑罰であることから罰金には金額だけでは測りきれない社会的負担が伴うことに注意する必要があります。犯罪は社会侵害行為であることから，罰金に相当するだけの犯罪でもその嫌疑をかけられると，社会に敵対するものとのレッテルが貼られ，近所付き合いや仕事などにおいて様々な社会的不利益をこうむります。また，その捜査のために逮捕・勾留といった自由制限や捜索・押収といった財産等への強制処分が認められているのです。いわんや，懲役刑となると，その受ける害悪はお金に換えることはできないでしょう。

　そのようなことから，近代刑法には当初から，「刑罰は厳格かつ明白に必要なものでなければならない」（フランスの1789年「人および市民の権利宣言」8条参照）との要請がなされてきました。「刑法は出しゃばるべきではない」。刑法以外の法的規制で対応できるところに刑法はしゃしゃり出るべきではない。刑法は「最後の手段」（ultima ratio）だというわけです。これを謙抑主義といいます。

2 罪刑法定主義

　上で述べたような性質をもつ犯罪と刑罰は，行為に先立って，あらかじめ法律に明記されていなければなりません。法律に明記されていない限り，いかなる犯罪も刑罰もないということです。これを罪刑法定主義といいます。この原則は次に述べるいくつかの派生原則からなっています。

　[1] **法律主義**　　犯罪と刑罰は，国民代表議会の制定する法律によって規定されなければなりません。これを法律主義といいます。「法律」は国民代表議会の制定するものだという点が重要です。これは，国民代表議会を通して主権者である国民が何を犯罪とし，それに対してどのような刑罰を科すかを決める

ということです。ここに罪刑法定主義の民主主義的側面があります。

「法律」でなければなりませんので，慣習法は刑法の法源になることはできません。これは「慣習刑法の排除」ともいわれます。もっとも，水利妨害罪の「水利」権が誰に属するのかといったように犯罪そのものでなくその一部をなす構成要素については慣習法を援用することができるとされています。

　[2] 事後立法・遡及処罰の禁止　それでは，法律で定めさえすれば，行為がなされた後にそれを処罰する法律を制定したのであってもよいのでしょうか。つまり，事後立法により遡及処罰することも許されるのでしょうか。

たとえば，駅前広場に自転車を放置する行為は通行の邪魔になるばかりか，危急のおりには避難を妨げ死傷者を出してしまうかもしれません。駐輪禁止の立て札を無視して駐輪する者は，他人に迷惑をかけることを知りながらあえて自分の都合を優先させて駐輪禁止を無視しているわけです。これが倫理的に許されないことは明らかです。そこで，駐輪禁止違反を処罰する法律を作り，それを法律制定前の行為にまで適用するようにしてもよいでしょうか。

反倫理的な行為を悪いと知りながら行った者を処罰するのですから，自業自得だと思えるかもしれません。しかし，行為者はいけない事だが処罰されるとは思っていなかったわけです。処罰されるのであれば駐輪しなかったということです。この場合，行為者は予想に反して刑罰という不利益を受けることになります。これでは，自分の行為がどのような利益・不利益を招来するのか，合理的に計算しながら活動することができません。近代以降の自由主義は，社会倫理に反する行為でも国家法により禁止されなければ，国家により規制されないことを要求しています。社会倫理と国家法との峻別です。社会倫理違反は，国家による規制でなく，社会の中での人々による相互批判に委ねたわけです。この自由主義からの要請によれば，どのような行為をすればどのように処罰されるのか，あらかじめ人々に知らされている必要があります。ここに憲法39条が事後立法・遡及処罰の禁止を規定する理由があります。

遡及処罰禁止の根拠が行為の結果の計算（予測）可能性という自由主義的要請にあるのであれば，法律だけでなく，判例であっても最高裁判所の判例やその他の確立した判例についてはその不利益変更の遡及適用禁止を認めてよいことになります。従来の通説・判例は制定法主義のわが国では判例は法源でない

として，遡及処罰の禁止が及ばないものと解してきましたが*，近年では，それを肯定する見解も有力になっています。

　　＊判例の立場　　行為当時の最高裁判例の示す法解釈に従えば無罪となるべき行為であっても，行為後の判例変更によってそれを処罰することは憲法39条に反しないとする最判平成8・11・18刑集50巻10号745頁があります。

　［3］被告人に不利益な類推解釈の禁止　　類推解釈，とりわけ被告人に不利益な類推解釈は，禁止されます。ある刑罰法規が当該事件に適用できないことは文理上明確であるのに，その刑罰法規の立法趣旨からすると本件も当罰性において共通しているとして，その適用を認めるのが，類推解釈です。もっとも，「言葉の可能な意味の範囲内で」字義を拡張解釈することは，許されると考えられています。

　実際には往々にして，類推解釈にあたるのかそれとも拡張解釈にすぎないのか，見解の分かれる場合があります。有名な「電気は物か」事件でも，「物」は「有体物」をいうとする民法規定と同じ理解を基礎にすれば，電気エネルギーを物にあたるとする解釈は類推にあたります。しかし，物とは有体物に限らず無体物なども広く含む言葉であるが，窃盗罪の客体はその罪質に照らし解釈すべきであるとして，他人の支配を侵して窃取できるのは可動性と管理可能性をもつものであることが必要だということにすれば，窃盗罪の罪質を手がかりにする「目的論的解釈」による「縮小解釈」だということになるわけです*。

　　＊電気窃盗事件　　「電気窃盗」を当時の刑法（明治13〔1880〕年制定の旧刑法）の窃盗罪で処罰できるかが問題になり，大判明治36・5・21刑録9輯874頁は，本文で述べたような「管理可能性」説に立ち，「他人の所有物」には電気エネルギーも含まれると判示しました。それに対し，イギリスやドイツ，フランスなどでは，電気を従来の窃盗罪で処罰できないとして，電気窃盗を処罰する規定を新たに設けることにより，立法で解決しました。なお，日本でも明治40（1907）年制定の刑法では，電気は物とみなすという規定が設けられました（刑245条）。

　そこで，類推か拡張かという基準ではなく，一般の人々に「不意打ち」を与える解釈は許されないとか，「不合理な」解釈は許されないという基準によるべきだと主張するものもあります。

しかし，それらは実質的な判断を必要とする基準であり，結局のところ権力者の価値判断に帰着するおそれがあります。類推か拡張かという形式的基準が裁判官等の権力者に与える心理的拘束力は軽視できません。自由保障のための法的安定性という点では類推か拡張かという形式的枠組みを依然として維持すべきだとの主張が参考になるでしょう。

[4] **絶対的不定期刑の禁止**　刑期の定めのない絶対的不定期刑を定めることは，刑罰が法律に明記されているとはいえないですから，許されません。また，それを言い渡すことも明確な刑罰といえず，自由保障を危うくするものであって，許されません。

刑の上限と下限を定めて言い渡す相対的不定期刑は，その処遇効果に疑問もありますが，一応，許されるとされています。

[5] **刑罰法規の明確性**　国民代表の意思内容が何であるかを明確に示すことは，民主主義的要請から必要です。また，行為の結果について市民に予測・計算可能性を保障するという自由主義的要請からも，法律の内容は明確に規定されている必要があります。これが刑罰法規の明確性です。逆に，あいまいで不明確な刑罰法規は，憲法31条に違反するものといわなければなりません。＊これを「明確性の理論」といいます。

> ＊**判例の立場**　刑罰法規があいまい・不明確ゆえに憲法31条違反になりうることを認めたものに徳島市公安条例事件に対する最大判昭和50・9・10刑集29巻8号489頁があります。あいまいかどうかの判断基準は，「通常の判断能力を有する一般人の理解において，具体的場合に当該行為がその適用を受けるものかどうかの判断を可能ならしめるような基準が読みとれるかどうかによってこれを決定すべきである」とされました。なお，福岡県青少年保護育成条例中の「淫行」の意義につき，「規定の文理から合理的に導き出されうる解釈の範囲内で」限定して解釈すれば，「同規定につき処罰の範囲が不当に広過ぎるとも不明確でもあるといえないから」憲法31条の規定に違反するものとはいえないとした最大判昭和60・10・23刑集39巻6号413頁も参照して下さい。

なお，条文の文理自体は明確だが，その文理通り処罰すると，処罰すべきでないものまで過度に処罰することになり，適正でなくなる場合があります。これを「過度の広汎性の理論」といいますが，それはむしろ「実体的デュー・プロセスの理論」に属する問題領域であるというべきでしょう。

3 実体的デュー・プロセス

憲法31条では適正手続が保障されています。けれども，手続が適正であっても，そこで適用される実体法の内容が適正でなければ，適正手続を保障する意味がなくなってしまいます。

そこで実体的適正手続（Substantive Due Process）ということがいわれるようになりました。これに反するものも憲法31条違反であり，無効であるとされます。

たとえば，健康を増進させる効果はないが有害でもない食品の販売を危険な食品を販売したとして処罰することは，実体法的適正さが欠け，憲法31条に反し無効であるとされるなどです。他人に害を与える性質のない行為，つまり「他害性のない行為」を処罰することは，実体的に適正でない。この要請を，「侵害（行為）原理」ということもあります。

> *判例の立場　判例にもこれに似たアプローチをしたものがあります。HS式無熱高周波療法なるものを料金を取って施した行為が，あん摩師等法の禁止処罰する「医療類似行為」を業としたものといえるか，という問題につき，最高裁は次のように判示しました。「前記法律が医業類似行為を業とすることを禁止処罰するのも人の健康に害を及ぼす虞のある業務行為に限局する趣旨と解しなければならない……。しかるに，……原判決は被告人の業とした本件HS式無熱高周波療法が人の健康に害を及ぼす虞があるか否かの点についてはなんら判示するところがなく，ただ被告人が本件HS式無熱高周波療法を業として行った事実だけで前記法律一二条に違反したものと即断したことは，右法律の解釈を誤った違反があるか理由不備の違法があ（る）」（最大判昭和35・1・27刑集14巻1号33頁）。

また，故意または過失によらない行為を処罰することは，本人の「自由」にならなかったこと，つまり本人に責任のないことを処罰するものであり，許されません。この要請は，「責任原理」といわれます。

刑罰については，「残虐な刑罰」が禁止されています（憲36条）。「罪刑の均衡」を欠くときも適正な刑罰でないというべきです。

さらに，上述した罪刑法定主義の派生原則である事後立法・遡及処罰の禁止もこれにあたるというべきでしょう。

4 刑罰権と国家主権

[1] 刑法の効力　刑罰権は国家主権の属性であるとされることから，刑罰権の及ぶ範囲は原則として当該国家主権の及ぶ範囲であるとされています。す

なわち，まず，その領土（領海および領空を含みます）およびその国に属する船舶や航空機の中に刑法の効力が及びます。これを属地主義といいます。つぎに，その国民が国外で行う一定の犯罪についても効力を及ぼします。これを属人主義といいます。さらに，一定の重大犯罪については，外国での行為についても日本刑法の効力を認める保護主義とか，世界共通の犯罪とされる行為への日本刑法の適用を認める世界主義などがあります。

［2］刑事裁判の管轄権　　刑事裁判の管轄権が及ぶ範囲は，原則として日本の国家主権が及ぶ日本の領土に限られています。実体刑法の効力が及ぶ場合でも，行為者が外国にいる間は逮捕などの強制処分を行うことはできませんし，また刑事裁判に訴追することはできません。日本の国家主権が及ぶ範囲に行為者が来て初めて，逮捕したり訴追できるというわけです。

［3］刑事法の国際化　　国際化が進展する中で，刑事司法においても国家主権による縛りを緩める動きが進んでいます。

犯罪捜査の国際共助，犯罪容疑者の引渡し，受刑者の引渡しなどが国際間で行われるにいたっています。さらに，平和に対する罪や人道に対する罪を裁く国際刑事裁判所も設立されました。

▶ EXAM 設問

［問1］　購買したいという未成年者にわいせつ文書を販売する行為は処罰されるのでしょうか。その理由とともに述べなさい。

［問2］　不快の念を抱く人が多いという理由で，膝上20cm以上のミニスカートを禁止し，その違反を3か月以下の懲役に処するという条例が制定されました。この条例は有効なのでしょうか，論じなさい。

【参考文献】

三井誠・曽根威彦・瀬川晃編『入門刑事法〔第4版〕』有斐閣，2009年。

法務省『犯罪白書』　各年の犯罪白書の全文はこちらで見ることができます。(http://hakusyo1.moj.go.jp/)

コラム　復讐をいかに制御するか

　古来より，報復行為，あるいは復讐は人間にとって普遍的かつ重要なテーマであり続けてきました。復讐を題材にしたメディア作品は無数に存在します。

　それらの中では，復讐行為，あるいはその意志が人々のカタルシスと共感を呼び覚まします。2013年に放映され人気を博したテレビドラマの中のセリフ「やられたらやりかえす。倍返しだ！」の語は社会現象ともいえるほど大流行しました。現代の日本においても，復讐を正当なものとする観念は相当程度存在するといってよいでしょう。

　復讐行為には多くの場合，実力行使が伴います。暴力の行使が復讐の名の下に正当化されるのです。そのきっかけとなるのは一方の暴力行使である場合も多いでしょう。暴力行使は，行使された側の報復感情を呼び起こし，報復行為を生み出すことになります。これに対してさらに報復行為がなされます。様々な理由から，これらの報復行為に加勢する者が出てきます。こうして，報復行為が無限に連鎖し規模が拡大する可能性があることは，小は子どもの喧嘩から，大は国家や民族の間での戦争・紛争までを思い浮かべれば納得していただけるはずです。

　人間は，復讐に共感しつつも，復讐に伴う暴力行使の連鎖を断ち切ることを目指してきました。法の整備，とりわけ刑事法の発達はその重要な要素の1つです。刑事法の根底には，個人の暴力行使を否定し，公権力がそれを一元的に担うべき，という思想があります。人々それぞれの暴力行使を否定し，代わりに正当な暴力を刑罰という形に限定して，公権力がその行使を独占するべきという約束事のもと，他人への暴力行使をなした者に対しては何らかの処罰がなされます。こうすることで現代の刑事法は復讐に伴う暴力行使を規制しようとしているのです。

　ただ，その実現は容易なものではありませんでした。例として，わが国の江戸時代における復讐について検討します。江戸時代の歌舞伎や人形浄瑠璃，講談といった演芸作品には，「敵討ち物」と呼ばれる，復讐を題材としたジャンルが存在し，高い人気を誇っていました。復讐の物語に涙し，その成就に快哉を叫ぶ感覚は，この時代から脈々と続いているといえるでしょう。

　その代表格がいわゆる「忠臣蔵」です。現代でも広く知られたこの作品は，1700年頃の「赤穂事件」と呼ばれる実在の事件を題材として生まれました。

　事件の概要はこうです。播州赤穂藩（現在の兵庫県赤穂市付近）の大名である浅野内匠頭長矩（あさの・たくみのかみ・ながのり）が，幕府の高位の家臣である吉良上野介義央（きら・こうずけのすけ・よしなか）に対して江戸城内で抜刀し，負傷させます。これを受け浅野は切腹，浅野家は改易となり，その家臣たちは浪人となって四散しました。しかし彼らの一部が後に敵討ちと称して吉良の屋敷を深夜に

襲撃し，吉良を討ち取ります。江戸幕府は彼らに対して切腹を命じました。

浪人たちは，発端となった刃傷事件を浅野と吉良との「喧嘩」だったとみなしていたようです。「喧嘩」であれば当時の社会通念からいって「両成敗」とされるべきところ，吉良を処罰しなかった幕府の決定は不当であり，主君浅野の無念を晴らすため襲撃に及んだ，と彼らは主張しました。

「喧嘩両成敗」とは，喧嘩において暴力を行使した当事者双方を，どちらに正当性があるかを判断することなく，ともに処罰する考え方で，戦国時代に広く社会に定着したとされています。通説的には，戦国大名などの公権力が人々の私的な暴力行使を否定するために生み出された論理だとされています。いかなる理由があろうとも勝手な暴力行使は許されないとするならば，幕府という公権力から見た浪士たちの襲撃は単なるテロ行為ということになるでしょう。

いっぽう，「喧嘩両成敗」の背景には，喧嘩の当事者はどちらもそれなりに非があるものだ，というある種の達観，衡平感覚が存在していたとの指摘もあります。この観念がある程度共有されている場合，一方だけ処罰するのは不公平だという考えにつながります。そして，幕府の不当な判断に抗って主君の無念を晴らすことは道徳上正当である，というのが浪士たちの言い分でした。主君や両親を敬うべきとする当時の儒教的思想の存在も手伝い，襲撃を正当な行為だとする論客も当時は多く存在しました。

この対立は，江戸時代が有事から平時へと移り変わっていく重要な潮目でした。江戸幕府は，ある程度の平和状態を創り出したとはいえ，つい数十年まで殺し合いをしていた，職業戦闘者たる武士の政権です。江戸時代より前の武士にとって，「やられたらやり返す」ことは道徳上強く求められる行為でした。江戸初期にはまだその名残があったと考えられます。一方で統治者として定着した武士には行政能力，事務処理能力が要求されるようになる反面，彼らによるあらゆる暴力の行使は規制の対象とされていきます。

その流れの中で，敵討ちは厳格な要件を満たした場合のみ認められるようになっていきます。そして，これが完全に克服されるには，明治以降かなりの期間を要することになりました。

【河野恵一】

Chapter 8

犯罪と刑罰

●現代の「罪と罰」

　夫に家出され，幼い乳飲み子Ａを１人で抱えた母親Ｘは，仕事を探したが見つからず，家賃を滞納して，賃貸マンションを追い出されました。Ｘは，住処に困って，他人の空き家にカギを壊して入り込み，コンビニ等で万引きをしながら，食いつないでいました。ところが，Ａが急に熱を出し苦しみ出しました。医者にかかるお金がありません。そこで，万事休したＸは，Ｂ宅に侵入してお金を盗もうとしたのですが，引出し等にカギがかかっていたため，何も盗らずに逃げ出しました。途方に暮れたＸは，Ａを医者に連れていくことなく介抱したのですが，ひきつり痙攣し始めたので，やむなく救急車を呼んでもらいました。しかし，Ａはその車中で絶命してしまいました。

　あなたはこの事件をどう考えますか。

◆この章で学ぶこと◆

・犯罪はどのような場合に成立するのでしょうか。人を死なせても犯罪にならないことがあるのでしょうか。
・刑罰にはどのような性質ないし機能があるのでしょうか。

Ⅰ　犯罪の類型と構成要素

1　犯罪の類型とその意味

　人を殺すと殺人罪。人の住居に侵入すると住居侵入罪，カギのかかった人の倉庫や空き家に侵入すると建造物侵入罪，人の物を窃取すると窃盗罪，になります。それらが犯罪であること，またそれらの犯罪に軽重があることについて

は，誰もが知っていることでしょう。

しかし，その刑の軽重が具体的にどのようなものか，また，カギのかかって〈いない〉倉庫や空き家に勝手に入り込んだ場合も建造物侵入罪（刑130条）にあたるのか，と問われると，わからない人も多いのではないでしょうか。

[1] **犯罪規定と罪刑法定主義**　わからないままでは，いつ何時処罰されてしまうかもしれません。普段は意識していなくても，大事な決断を下すときに法律を見ることができ，それを調べれば自分の行為が犯罪になるのか，どの程度の処罰を受けるのか，事前に知ることができるようにする。そのことによって，行動の予測可能性・計算可能性を保証するというのが，前に述べたように罪刑法定主義の自由保障機能です。

それゆえ，刑法は，どのような行為が犯罪になり，その刑罰はどうなるのか，を具体的に知ることができるように明確に犯罪と刑罰を規定する必要があります。そのため，刑法典は，その「第2編　罪」という「各則」を設けています。そこにおいて，犯罪を殺人とか窃盗とかといった個々の犯罪ごとに類型化し，それぞれの犯罪類型ごとに対応する刑罰を定めているのです。*

> ＊**日本刑法典の特徴**　日本の刑法典には，比較法的にみますと，たとえば謀殺と故殺を区別しないで殺人罪を定めるなど，規定方法にかなり包括的であるという特徴があります。これは新派刑法学の行為者刑法理論の影響を受けたものといわれています。

ところが，各則に規定された犯罪類型を見るだけでは，意味のよくわからないことがあります。上で例示した殺人罪や住居・建造物侵入罪や窃盗罪は，それぞれの条文を見ると，たんに「人を殺した者は」（刑199条）とか「他人の財物を窃取した者は」（刑235条）などとあるだけです。それだけですと，殺そうとして殺した，つまり殺す意思でもって殺した場合（これを故意犯といいます。）だけを意味するのか，それとも不注意で誤って殺してしまった場合（これを過失犯といいます）をも含むのか，あるいは無過失の場合でもよいのか，あいまいでわかりません。これでは刑罰法規の明確性という罪刑法定主義の派生原則に反してしまいます。

[2] **各則と総則の関係**　そこでよく調べてみますと，刑法典の「第1編　総則」に「罪を犯す意思のない行為は，罰しない。ただし，法律に特別の規定

がある場合は、この限りでない」(同38条1項) との規定があります。総則は、各則で定められた個々の犯罪に共通する要件を抽象化し一般化したものを規定したものです。そうしますと、各則にある殺人罪や窃盗罪などの条文の意味を明らかにするには、総則の規定と併せて解釈する必要があります。

　刑法199条などと同38条1項とを併せ解釈しますと、殺人罪や窃盗罪などは犯意のある場合(故意犯)だけを規定していることがわかります。ただし、人を殺した場合には、過失しかなくとも過失致死罪(刑210条)が成立します。刑法210条は、刑法38条1項のただし書きの「特別の規定」にあたることになります。それに対し、窃盗や住居侵入は、そのような「特別の規定」がありませんので、過失による場合は不可罰です。

　現在の刑法典によりますと、犯罪は故意犯が原則です。過失犯は生命を害したり危険にさらしたりする極めて重大な場合の例外とされ、しかも故意犯に比べはるかに軽い犯罪だとされています。ちなみに、殺人罪の法定刑は、死刑、無期懲役または5年以上の有期懲役ですが、過失致死罪の法定刑は、50万円以下の罰金刑にとどまっています。

　[3] 共犯と正犯　　殺人罪や窃盗罪の規定は、1人の行為者が殺人行為や窃取行為を行うことを予定しています。これは、人々は自分の自由にできた行為についてのみ責任を問われるにすぎないという「個人行為責任の原則」に対応するものです。

　前近代には、同僚が罪を犯すと同僚全員が責任を問われる「連座制」や、家族の一員が罪を犯すと家族全員が罪に問われる「縁座制」、団体の一員が罪を犯すと団体全体が責任を問われる「団体責任」がありました。近代刑法は、それらが個人の自由に反するものであると批判し、個人行為責任の原則を確立したわけです。

　ところが、殺人に2人以上の人が関与することもあります。これを「共犯」といいます。また、殺す行為を実行行為といい、実行行為をした者を「正犯」といいます。そこで、2人以上の人が共同して犯罪を実行する場合を「共同正犯」(刑60条)ということになります。他人を教唆して殺人を実行させた場合は「教唆犯」(刑61条)、他人が人を殺すのを「幇助する」(手伝う)場合は「従犯」(刑62条)といいます。教唆犯と従犯を狭義の共犯ということがあります。教唆

犯は正犯の刑と同じに処断されますが，従犯の刑は正犯の刑より減軽されます。

　殺人を教唆・幇助したが，教唆・幇助された人が殺人行為に出なかった場合，教唆犯・従犯は成立しません。狭義の共犯は，正犯がないと成立しないということです。なぜなら，教唆犯や従犯はいずれも正犯を介するという点で犯罪結果との関係では間接的だからです。これを，共犯は正犯に従属する，つまり共犯従属性の原則といいます。共犯従属性の原則は，侵害（行為）原理からの帰結なのです。

2　犯罪の構成要素

　人を殺した場合，殺人罪になります。殺人罪を主たる例として犯罪の構成要素につき考えてみましょう。

　(a)　行為客体　　殺す行為の対象は「行為客体」といわれます。殺人罪では「人」が行為客体です。それでは，その「人」が他人を意味し，自分は含まないことを知っていたでしょうか。たんに「人」とあるだけだと他人を意味するのです。なぜなら，犯罪は原則として他人を害するものだという他害原理が基礎にあるからです。

　(b)　保護法益　　人を殺すことが重大な犯罪とされるのは，生命という重要な個人的法益を侵害するからです。それに対し，放火罪（刑108条など）はその行為客体である住居等を焼損することによって公共の安全という社会的法益を危険にさらすものとされています。「保護法益」の侵害が必要な犯罪を「侵害犯」，その危険で足りる犯罪を「危険犯」と呼んでいます。それらの保護法益は条文に明記されているわけではありません。法解釈によって犯罪の構成要素とされているものですが，条文の意味を明らかにしていく上で，重要な指針となっています。

　(c)　行為と実行行為——作為犯と不作為犯　　人を殺した行為，侵入した行為，窃取した「行為」というようにまず「外部に現われた客観的な行為」が犯罪とされていることに注意してください。殺そうとするとかの意思やその危険のある性格だけで犯罪にされるのではありません。それは「犯罪はまず外部的な行為でなければならない」という行為原理が基礎にあるからです。

　各犯罪類型に該当する行為のことを「実行行為」といいます。殺人罪では，

「人を殺す」行為，窃盗罪では，「他人の財物を窃取する」行為がそれにあたります。実行行為に着手したがそれを遂げることができなかった場合を「未遂」（刑43条）といいます。それに対し，遂げた場合を「既遂」といいます。上述した殺人罪や窃盗罪などの犯罪類型は既遂の場合を規定しています。未遂が処罰されるのは重大な犯罪について法律が特別にその旨規定している場合です（刑44条）。殺人罪や窃盗罪では未遂も処罰されますが，器物損壊罪では既遂しか処罰されません。

実行の着手にもいたらないその準備行為は「予備」行為といわれ，殺人や強盗などの極めて重い犯罪についてだけ予備罪として処罰されることになっています。陰謀までが処罰されるのは内乱罪や外患罪のように（刑78条・88条）特殊な犯罪に限られます

実行行為が基本類型とされ，未遂さらには予備，陰謀が例外とされるのは，侵害（行為）原理が刑法の基礎にあるからです。

行為には，たとえば積極的にナイフを突き刺して人を殺す場合のような「作為」だけでなく，幼子に食事を与えずに餓死するに任せるとか，病気になった息子を医者に診せないとかいうような「不作為」もあります。「他人を害しないすべてをなしうること」が「自由」という人権の内容であることに照らすと，犯罪は作為によるもの（「作為犯」）が原則であり，不作為によるもの（「不作為犯」）は例外であることになります。冒頭事例の母親Xが問われる保護責任者不保護罪（刑218条）は不作為犯にあたります。不作為犯では行為者にたとえば幼子を救護するという作為義務とその違反がなければなりません。[*]

> **＊刑法と民法では義務が異なる**　冒頭の事例では，家出した父親には民法上の扶養義務などの義務違反はあり得ますが，刑法上の作為義務は現実に子を支配下に置いていた母親にだけ生じるとされることになるでしょう。

(d) 結　果　殺人罪では行為客体である「人」を害する必要があるように，行為客体のある犯罪（あるいはそれに害を生じさせる必要のある犯罪）を「結果犯」といいます。それに対し，偽証罪のように，結果の発生が必要でなく，偽証するという行為態様だけで成立する犯罪を「単純行為犯」といいます。

(e) 因果関係　結果犯では，行為と結果との間に「因果関係」が必要にな

ります。たとえば，寝たきりの重病人に毒を盛ったが，毒がまわらないうちに地震が起こり倒壊した建物の下敷きになって即死してしまった場合はどうでしょうか。殺人の実行行為はあります。けれども，死の結果は地震による建物倒壊によって惹起されました。ここには「因果関係の断絶」があります。この場合，死の結果を行為に帰責できません。せいぜい殺人未遂が成立するにすぎません。

　因果関係についてはさらに，「A（という行為）がなかったなら，B（という結果）はなかった」という公式によって判定される「条件関係」だけで足りるのか，それともその条件関係が「経験上通常のもの」といえる必要があるのか，といった問題があります。前者で足りるとするのが「条件説」，後者まで必要とするのが「相当因果関係説」です。最近ではそれら以外に，「許されない危険創出と許されない危険実現」といった基準で帰責の可否を判断しようとする「客観的帰属論」が有力に主張されるにいたっているところです。

　(f)　主観的要素　　犯罪には，上述した客観的要素に加え，（原則として）「故意」ないし（例外的に）「過失」という主観的要素が必要です。故意の典型例は，個々の犯罪類型にあたる事実を認識しそれを実現しようとする意思のことです。これを確定的故意といいます。これ以外に，あるいは生じるかもしれないがそれでも構わないとかやむを得ないと思っていた場合も故意にあたるとされています。これを未必の故意といいます。

　故意ないし過失が必要とされるのは，知らなかったこととか，注意しても知ることができなかったことについてまで責任を問われるのでは，安心して行為できないからです。これを責任原理といいます。

　犯罪のなかにはたとえば通貨偽造罪や文書偽造罪におけるように，偽造だけでは犯罪にならず，「行使の目的」をもって偽造して初めて犯罪になるものもあります。このような犯罪を「目的犯」といいます。ここでは，故意に加え，目的が主観的要素として必要とされているのです。

　(g)　主体的要素　　犯罪となるにはさらに，その行為当時，行為者がその行為が悪いことであることを弁識することができ，かつその弁識に従って自らの行為を統御できる能力を備えている必要があります。そのような能力があってこそ，その行為をその人のもの，その結果をその人のせいだとして，その人に

帰責できることになるわけです。この能力を「責任能力」といいます。
　もっとも，現行刑法は，この能力を犯罪の積極的構成要素として要求するのではなく，心神喪失の場合には「罰しない」とか，心神耗弱(こうじゃく)の場合には「刑を減軽する」とかという形で規定しています。これらは，責任阻却ないし責任減軽事由といってよいでしょう。判例によりますと，心神喪失とは，精神の障害により，是非善悪を弁識できず，自己を統御する能力がない場合，心神耗弱とは，その能力が著しく劣る場合をいうとされています。
　(h)　行為の主体　　犯罪行為の主体は，生身の人間を意味する「自然人」に限られるのか，法の作った人為的な人格である「法人」も主体になるのかという問題があります。刑法典上の犯罪については自然人に限るというのが一般的な理解です。しかし，特別刑法には行為者とともに法人をも処罰する「両罰規定」を設けるものがかなりあります。
　経済犯罪対策として法人処罰が必要だという政策論が有力に主張されています。けれども，この問題は，近代刑法原則である「個人行為責任の原則」にかかわるものであることから，なお慎重に検討すべき事柄であるというべきでしょう。

II　犯罪阻却事由

　死刑の執行は人を殺害する行為ですから，殺人罪の犯罪類型に該当します。しかし，死刑の執行は法律によって是認された行為ですから，それを犯罪にすることは法の自己矛盾以外の何物でもないでしょう。つまり，犯罪類型に当てはまる行為があっても，それだけでは犯罪にならない場合があるのです。犯罪の成立を阻却するのは，行為の違法性が阻却されるとか，責任が阻却されるとか，であるからとされています。
　[1]　**違法阻却・減軽事由**　　違法阻却事由には，刑法に規定されたものとして，法令による行為や正当な業務行為 (刑35条)，正当防衛 (刑36条)，緊急避難 (刑37条) があります。
　死刑の執行や令状による逮捕・勾留，親権者による子に対する懲戒 (傷を負わせるようなものは虐待になります)，労働法による争議行為などは法令による行

為にあたります。正当な業務行為には，医師による治療行為やプロのレスリングやボクシングなどがあります。もっとも，それらは業務による場合に限らず正当なものだからではないかとの疑問があります。

　正当防衛や緊急避難は緊急の事態において法益を守る行為です。前者は不正な攻撃に対する反撃であるのに対し，後者は無関係の第三者へ損害を転嫁することで危難を避けようとする点で違いがあります。緊急避難はそれしか避ける方法はなかった場合でないと許されません。これを補充性要件といいます。そのため，緊急避難はなかなか認められないのです。

　さらに，規定はされていないのですが，違法阻却の一般的原理に照らし違法性が阻却されると考えられているもの（超法規的違法性阻却事由といいます）もあります。それにあたるものとしては，被害者の同意，安楽死，自救行為，医師でない者による治療行為，アマチュアのレスリングやボクシングなどが挙げられます。

　違法性阻却の一般原理については，被害法益の欠如や優越利益の実現に根拠を求める優越利益説と，正当な目的のために相当な手段・方法をもってしたことに根拠を求める社会的相当性説があります。

　違法減軽事由として重要なのが，可罰的違法阻却事由です。生垣に咲く花一輪を手折った場合のように被害法益が軽微であるとか，労働争議等における双方の小競り合いの中で軽傷を負わせてしまったときのように双方に言い分があるとかのような場合にまで，刑法が乗り出してよいものでしょうか。当該法益を刑法で保護するになじまない場合には，犯罪の類型に形式的には該当するように見えても，刑法で罰するに値するだけの違法性がないとして不可罰とするのが，可罰的違法阻却事由です。

　［2］**責任阻却・減軽事由**　　故意ないし過失があっても，その行為に出たことを非難できない場合には責任を問うことはできないでしょう。そこから，責任の実質は「非難可能性」にあるとされています。

　責任阻却事由には，上述した心神喪失（刑39条1項）や，適法行為の期待可能性のない場合が挙げられます。責任が阻却されれば，その行為は犯罪になりません。

　適法行為の期待可能性が問題とされる場合とは次のようなものです。運送業

者Xに雇われた運転手Yが、過酷で違法な運転スケジュールでの運送を命じられました。Yはそれでは過労からくる不注意運転で事故を起こしてしまう危険が大きいとしてXに改善を要求します。ところが、Xはできないのなら会社を辞めろと言って聴き入れません。会社を首になると新たな職を見つけることが難しく家族共々困窮してしまいます。そこでやむなく運転していたのですが、案の定Yは交通事故を起こし歩行者に重傷を負わせてしまいました。このYを殺人の未必の故意があったとして殺人未遂罪に問えるでしょうか。

期待可能性のないときの責任阻却は理論としては認められているのですが、実務は刑法の軟化を危惧してかそれによる責任阻却を滅多に認めようとはしていません。

責任減軽事由としては、心神耗弱（刑39条2項）や過剰防衛（刑36条2項）などが挙げられます。それが認められますと、処断刑が自由刑ですと半分に減軽されます（刑68条）。

Ⅲ 刑罰の種類と理論

1 刑罰の意味と種類

犯罪に対する制裁が刑罰です。制裁ですから、それを受ける者に何らかの苦痛を負わせるものでなくてはなりません。そのためになされるのが、人がすでに享受している何かを剥奪することです。

剥奪されるものが生命だと「生命刑」、身体の安全だと「身体刑（ないし体刑）」、行動の自由だと「自由刑」、名誉だと「名誉刑」、財産だと「財産刑」といいます。

現行法上の刑罰は、刑法9条以下で定めている通りです。罪刑法定主義によりそれ以外に刑罰はありません。生命刑として「死刑」、自由刑として「懲役」、「禁錮」および「拘留」ならびに財産刑として「罰金」および「科料」が主刑とされ、付加刑として没収が規定されています。罰金・科料は無一文の人から徴収できませんので、その場合のための代替措置として労役場留置が定められ、また、没収についても対象物がなくなっている場合などに対する措置として、その価額を追徴することができるとされています。

現行刑法は，身体刑や名誉刑を採用していません。なぜでしょうか。身体刑には，鞭や杖で何度も打ち据えるものや犯罪者特有の入墨をするものがあります。名誉刑は，さらしものにしたり，恥辱を与えたりするもので，恥辱刑ともいわれます。それらは，前近代において多用されましたが，近代の人道主義により否定されるようになりました。今日でも人間の尊厳に反するものといわざるを得ないでしょう。

2　刑罰に関する理論──正当化根拠など

　刑罰は，生命・行動の自由・財産を無理やり奪うものです。奪われる人からすれば暴力以外の何物でもないでしょう。この意味で刑罰は合法的な暴力だと言われることもあります。

　それにもかかわらず，刑罰はなぜ正当化され，合法とされるのでしょうか。この問題に応えようとするのが刑罰理論です。

　[1] 応報刑論　　他人に苦痛を与えたのだからその報いとして苦痛を加えられるのは当然だという考え方があります。これは刑罰にも当てはまるとするのが応報刑論です。それにより秩序が回復ないし維持されるとか，法が回復されるとかあるとしても，それらはあくまでも結果としてであって目的とするものではない。つまり刑罰は秩序や法を回復するなどという目的のための手段ではないとするところにこの理論の特徴があります。これは旧派による行為刑法理論の主張でもあります。

　[2] 目的刑論・予防刑論　　それに対し，刑罰は犯罪を予防するという正当な目的のための相当な手段であるということに，正当性（正統性）の根拠を求める考えがあります。これを目的刑論ないし予防刑論といいます。

　目的刑論は，刑罰による働きかけの対象が犯罪者自身であるか，一般の人々であるかにより，特別予防論と一般予防論とに区別されます。特別予防論は，危険な犯罪者を改善・教育するとか，無害化（社会から隔離，淘汰）するとかにより社会を防衛するというものです。これは新派の行為者刑法理論の主張でもあります。一般予防論は，刑罰による威嚇により一般人を犯罪から遠ざけるとか，処罰により善良な市民の規範意思を満足させ，規範を維持するとかいうものです。前者を消極的一般予防論，後者を積極的一般予防論と呼んでいます。

　目的刑論に対しては，犯罪者であるとはいえ人間を社会防衛や犯罪予防とい

Chapter 8 犯罪と刑罰

トピカ　量刑論

　有罪が認定されれば刑をどうするかの検討（量刑）が必要になります。量刑の規準については，「罪刑均衡の原則」からしてまず当該行為に対する責任がどの程度の刑に値するかの検討が必要です。

　この行為に対する責任については，行為（意思）責任なのか，それとも人格責任なのかという争いがあります。前者は，行為を自由な意思で行ったこと，つまり自律的な意思に対する帰責です。後者は，犯行が人格相当であればあるほど，つまり危険な，あるいはだらしのない人格のせいであればあるほど，責任が重くなるというものです。皆さんは，人格責任論の方が常識に近いと感じるのではないでしょうか。

　確かに，日常生活の任意の関係において子供をしつけるとか，他人の行状を批判するときは，その人たちが自らのだらしない人格を改善することに主眼がおかれても問題はないでしょう。けれども，刑事責任は国家対個人という権力関係において問われるものです。ここではやはり行為時にそれ以外の行為が可能であったという意味での自由が帰責の第一の根拠になるべきではないでしょうか。もちろん，責任は自由な出来心より自由な悪意の方が重くなります。

　そのような行為責任の範囲内において特別予防や一般予防の観点からする要罰性の判断が行われます。

　その上で，実際に刑が執行される実刑か，刑の言渡しはあるがその執行を一定期間猶予する執行猶予かの判断がなされます。

う目的のためのたんなる手段に貶めるものであり，責任原理や人間の尊厳を軽視するものであるとの批判があります。応報刑論に対しては，「同害報復」的な応報では残虐な刑罰となり，等価的応報でも等価性の判断基準が不安定，曖昧であり，結局のところ厳罰主義に行き着くとの批判があります。いずれにせよ，以上の1つの理論だけで刑罰を正当化できないことは明らかでしょう。それゆえ，私たちはさらなる検討を要請されているのです。多くの根拠を寄せ集め構成し直すのか，あるいは正当化はできないがそれなしには存続できない現在の人類にとっての必要悪だとしてその悪の側面をできるだけ少なくする行刑を追求するのかなど，様々な検討が必要になっています。

3　刑罰をめぐるその他の問題

　[1] 生命刑について　　死刑は究極の身体刑といえます。それゆえ，身体刑

と並び死刑も廃止すべきだとの主張が世界的に優勢になっています。国際連合では，自由権規約6条の生命権保障規定を受けて死刑廃止条約が制定されました。

しかし，日本では存置論が優勢です。その最大の根拠は，極刑として死刑を求める被害者遺族の感情とか，国民の意識・世論に求められています。それに対し，廃止論の根拠は，死刑は残虐な刑罰だとか，誤判の場合に取り返しがつかない，凶悪犯罪を抑止する力がない，などにあります。死刑の存廃はその国の文化的成熟度に相応するとの見解もあります。皆さんはどう考えますか。

［2］保安処分について　新派の特別予防刑論は，刑罰を危険な行為者（犯罪者）から社会を防衛するための手段としました。この考え方によれば，刑法は行為者の性格・素質や人格の危険性を理由に処罰するものにならざるを得ません。けれどもそれでは，刑罰権力からの人々の自由を保障しようとする近代的な行為責任原則に反してしまいます。そこで，社会防衛のための処分を保安処分と名付け，それを行為責任を要件とする刑罰とは切り離し，併存させる動きが出てきます。これを刑罰と保安処分の2元主義といいます。この保安処分は，少なくとも刑法に触れる行為（触法行為）を行った者に対してしか課することができないものであることから，刑事司法処分であるとされ，そのような触法行為を要しない予防拘禁などの行政処分とは区別されます。

しかし，名称を変えても社会防衛を理由に行為者の人権を無理やり侵害することに変わりはありません。しかも，行為者の危険性は「現在の危険」でなく「将来の危険」でよいとされるのですが，そのような危険をはたして十分に予測できるのかという問題もあります。そこで，精神障害者の治療や酒精・薬物中毒者の禁絶のための処分，つまり被処分者の（利益の）ための処分に限ることで，人権侵害の問題を回避しようとする動きが出てきます。この動きについては，治療や禁絶を医療措置としてではなく刑事司法処分として行うと実際には治安重視になってしまうのではないかとの問題が指摘されています。

［3］ダイバージョンの動きについて　犯罪があると思料されれば，刑事手続が開始され，捜査から起訴，判決，刑の執行・行刑へと展開します。ところが，刑事手続を進めるには多大なコストがかかります。また，刑事裁判や刑の執行は，被告人や受刑者に反社会的存在とのレッテル貼りを許してしまうなど

により，彼らの社会復帰を妨げるおそれがあります。そこで，刑事裁判や刑の執行をできるだけ回避したり，そこから早期に離脱させる措置が考案されます。微罪処分，起訴猶予，執行猶予，仮釈放などが制度化されています。

最近ではさらに，刑務所や少年院などの施設に強制収容して処遇する拘禁処遇から非拘禁の社会内処遇を重視すべきだとの動きが国内外で有力になっているところです。

刑事制裁に関する世界的な動向を見ると，人間の尊厳や人権の尊重への配慮がますます重視されつつあるといえるでしょう。

▶ EXAM 設問
［問1］ 個人行為責任の原則とは何でしょうか，説明しなさい。
［問2］ 侵害（行為）原理と共犯原則との関係について述べなさい。
［問3］ 死刑の存廃について論じなさい。

【参考文献】
浅田和茂・内田博文・上田寛・松宮孝明『現代刑法入門〔第3版補訂〕』有斐閣，2014年。
松宮孝明『プチゼミ⑧刑法総論』法学書院，2006年。
松宮孝明編『ハイブリッド刑法総論』法律文化社，2008年。

Chapter 9

刑事司法手続と人権

●容疑者の黙秘権は非常識？

　1998年7月，和歌山毒入りカレー事件が起きました。それは，自治会の夏祭りで提供されたカレーにヒ素が混入していたため，それを食べた67人が急性中毒で病院に搬送され，うち4人が死亡したというものです。マスメディアによる取材活動はまさにメディアスクラムでした。その容疑者は，警察・検察による取調べにとどまらず裁判の法廷においても黙秘を貫き通しましたが，判決は死刑でした。この黙秘に対する世論は概して批判的でした。本当にやっていないのなら無実だと言うべきだし，やっているのであれば正直に話し被害者に謝罪すべきだ，というわけです。しかし，憲法38条1項は不利益供述強要の禁止，刑事訴訟法198条2項・291条3項・311条1項は黙秘の保障を明記しています。その事件の容疑者は，憲法や法律で認められた権利を行使したのになぜ批判されたのでしょうか。ここには刑事裁判における人権保障の必要性についての認識の違いが見てとれます。このような違いはなぜ生じるのでしょうか。

◆この章で学ぶこと◆
・刑事司法作用にはどのような特徴があるのでしょうか。
・刑事司法手続における人権保障はどうなっているのでしょうか。

I 刑事司法作用の特徴

1 刑事司法作用と行政警察作用のちがい

　学生Aが自転車に乗っているとパトロール中の警察官に呼び止められ職務質問を受けました。このパトロールや職務質問は，犯罪予防のために行われる

行政警察作用です。職務質問は，警察官職務執行法に規定されているのですが，強制力はありません。ですから，それに答える義務はありません。

しかし，職務質問を受けたことに苛立って警察官を突き飛ばしてしまうと，事情は一変します。その行為は，職務執行中の公務員に暴行を加えたということで公務執行妨害罪（刑95条）にあたりうるからです。犯罪を現認すれば現行犯逮捕することができます。令状がなくとも強制的に身体拘束ができることになります。このように犯罪があったと思料されるときそれに対する刑罰権実現の可否を明らかにするために行われるのが刑事司法作用です。

2　強大な強制力と人権保障

[1] **人権保障の重要性**　刑事司法作用は，一方で，犯罪があったとの疑いが生じたときその事実の解明のために認められることから，逮捕，勾留，捜索，押収などといった権利侵害性の大きい強制処分まで認められています。他方，このように強大な権限は，間違って行使されたり，濫用されると大変です。そこで，その濫用を防止し人権を保障するための措置が重要になります。日本でも大日本帝国憲法時代の警察権力濫用による人権蹂躙の反省に立って，現在の日本国憲法には，刑事手続における人権保障のための詳細な規定が設けられています（憲31条以下参照）。

刑事司法手続に関する法律である刑事訴訟法にも，「この法律は，刑事事件につき，公共の福祉の維持と個人の基本的人権の保障とを全うしつつ，事案の真相を明らかにし，刑事法令を適正且つ迅速に適用実現することを目的とする」（同法1条）とあります。ここには，刑罰権実現という公共の福祉と，そのために刑事司法の俎上に乗せられる被疑者・被告人の人権とが，対立的な緊張関係に立つことが示されています。刑事裁判の仕組みは，この緊張関係を調整し，権力の濫用を防止できるものでなければならないというべきでしょう。

[2] **少年法の必要性**　以上のように刑事裁判は極めて峻厳な制裁である国家刑罰権実現の可否を問うものであることから，そのための手続も極めて厳しい対抗関係によって構成されています。このような構造は，未熟で発達過程にある少年にとっては，厳しすぎるため，無実なのに十分に説明できなくて冤罪になってしまったり，また，レッテル貼りで少年の犯罪性を余計に悪化させてしまうなどのおそれがあります。そこで，少年の発達段階に合わせ，その健全

育成に資することのできるような特別の法制度が必要になります。それが少年法などの少年法制です。

　[3] 適正手続の保障　　刑罰権力は，今日の社会秩序を維持するうえで必要です。しかし，刑罰権力は，刑罰やそれを科する過程での逮捕，拘禁などを見れば分かるように，人々に害悪を加えることを予定して成り立っています。しかも，それが濫用されれば大変な苦難を人々に負わせることになってしまいます。したがって，刑罰を科するための手続は，余計な害悪付加にならないよう慎重に定められなければなりません。刑罰を科するための手続は，何にも増して適正でなければならないのです。

　現在の憲法は，「何人も，法律の定める手続によらなければ，その生命若しくは自由を奪われ，又はその他の刑罰を科せられない」（憲31条）と規定しています。刑罰を科すためには，「法律の定める手続」によらなければならないということです。この法律とは，国民代表議会である国会の定める法律のことを意味します。国民代表による立法があって始めて処罰できるというところに，民主主義の要請が生かされているのです。

　もっとも，国民代表も，センセーショナルな世論に煽られて，冷静に考えれば効果がないばかりか有害な立法を行ってしまうこともあります。国会の定める法律でありさえすれば，その内容を問わないということになれば，悪法も法として強行されてしまいます。憲法は，法律で定めるというだけでなく，その手続が「適正」なものであることも要求していると解するべきでしょう。問題は，何が適正であるかということにあります。憲法32条以下に定める刑事手続規定は適正さの具体例ですが，一般的には「告知と聴聞」（Notice and Hearing）の保障が適正な手続であるための最低限の要件であると解されています。さらに，刑事手続の公平さも「適正」の内容というべきでしょう。この公平さという点では，被告人側に比べはるかに強大な証拠収集権限を付与されている検察官の手持ち証拠全面開示制度が必要であるといえます。

3　裁判への市民参加──陪審裁判と裁判員裁判

　英米の人権宣言は，同輩による公平な陪審裁判を受ける権利を保障しています。陪審裁判は，市民の中から選ばれた陪審員が裁判を行う制度です。陪審員は法律には素人なので法律問題については職業裁判官より説示を受けるのです

が，事実認定は陪審員だけで行うのが本来の姿です。

　それに対し，日本国憲法には「公平な裁判所」の裁判を受ける権利（憲37条1項）とあるにすぎません。けれども，「裁判官」による裁判でなく，「裁判所」による裁判となっていることから，陪審裁判も許容されていると解すべきでしょう。戦後制定された現行裁判所法は「刑事について，別に法律で陪審の制度を設けることを妨げない。」（3条6項）と定めています。冤罪事件が相次いで問題になる中，その打開策の1つとして陪審制を復活すべきだとの主張も有力に展開されてきました。

　＊**判例の立場**　新設の裁判員裁判についてですが合憲としたものに最高裁大法廷平成23・11・16判決（判時2136号3頁）があります。

　しかし現実に立法されたのは，裁判官とともに素人が「裁判員」として重大事件の刑事裁判に関与するというものです（「裁判員の参加する刑事裁判に関する法律」平成16年5月28日法律63号）。裁判員裁判では，有罪か否かの事実認定と有罪の場合の量刑との双方を裁判官と裁判員が共同して行うことになっています。この点では参審員裁判と同じですが，参審員は推薦により「名士」から選任され一定期間職務に就くのに対し，裁判員は選挙人名簿から選ばれ，事件ごとに選任されるという点では陪審員に近いものです。裁判員裁判は，「司法に対する国民の理解の増進とその信頼の向上に資することにかんがみ」創設された，日本独自の制度です。この制度では，裁判員裁判を受ける権利というより主権者である国民の裁判参加の責務という側面が重視されているといえます。

II　裁判を受ける権利

1　無罪の推定

　憲法で人権が宣言されても，人権が侵害されたときに救済を求めたり，あるいは人権が侵害されそうになったときに人権を守ってもらえるようになっていないと，絵に描いた餅です。人権を守るには，紛争当事者（刑事事件では警察や検察と被告人）から独立した中立の機関が必要です。それが裁判所です。裁判所が「人権の砦」といわれるのはそのためです。

憲法は「何人も，裁判所において裁判を受ける権利を奪われない」(憲32条)と規定しています。さらに刑事被告人については憲法37条1項でも保障規定が設けられています。このように裁判を受ける権利があるということは，裁判所の裁判で有罪とされない限り，有罪としては扱われないということでしょう。刑事被告人は「無罪の推定」を受けるわけです。このことを明言するのが日本も批准している国際自由権規約14条2項です。

　有罪が証明されるまで無罪の推定を受けるのですから，合理的な疑いを容れない程度に犯罪の証明ができないときは，処罰できません。「疑わしきは被告人の利益に」。これが刑事訴訟の大原則なのです。

2　刑事裁判の公平・迅速・公開

　刑事被告人には，公平な裁判所の迅速な公開裁判を受ける権利があります(憲37条1項)。この裁判所は建物でなく，裁判という行為を行う機関のことです。

　まず，裁判所が独立・中立でなく，一方当事者に肩入れするおそれがあれば，裁判を受ける権利を保障しても意味がありません。刑事訴訟法では，事件に利害関係のある裁判官の「除斥」(刑訴20条)や不公平な裁判をするおそれのあるときの「忌避」(刑訴21条)の制度が設けられています。

　つぎに，裁判は迅速でなければなりません。裁判に何年もかかると，その間長期にわたり被告人という立場におかれた者は，社会生活上多大な不利益を受けることになります。これを避けるためには，迅速に裁判を進める必要があります。もっとも，このことは，被告人の手続上の権利を軽視し，被告人が十分に防御を尽くしたといえないのに，判決を言い渡すことを認めているわけではありません。迅速と拙速とは違うことに注意してください。

　さらに，公開裁判の保障です。秘密裁判では，裁判官が検察官と一緒になって裁判を歪めても，被告人の抗議はなかなか受け入れられないものでしょう。国民監視のもとで裁判を行うことによって，裁判過程における適正手続の保障を具体化しようとしているのです。

3　証人審問権

　犯罪事実の証明には証人の証言が大きな意味をもちます。と同時に，日常の経験によれば，証言には証人の先入観や思い違いなどによって様々なバイアス

がかかることがあります。

そこで憲法は，刑事被告人には，「すべての証人に対して審問する機会を十分に与えられ，又，公費で自己のために強制的手続により証人を求める権利」があるとしました（憲37条2項）。「すべての証人に対して審問する機会」とあるのですから，刑事被告人には，検察側証人に対しても反対尋問の機会が十分に保障されるということです。

また，伝聞証拠は原則として証拠能力をもたないとされる必要があります。たとえば，「甲さんは，被告人が被害者を刺すところを見たと言っていた」という乙の証言について重要なのは甲の発言内容なのですから，甲を証人として審問できない限りその証言を証拠とすることはできません。もっとも，刑事訴訟法は，特段の事情のある場合には，伝聞証拠禁止の原則（伝聞法則）の例外を認めています（刑訴321条など）。これにより，捜査段階の調書を公判の証拠とすることができることになります。このことが，供述を得るための長期間，長時間に及ぶ取調がなくならない要因の1つだといってよいでしょう。

4 弁護士依頼権

法律の素人である刑事被告人でも適正手続保障を有効に活用できるようにするために，「資格を有する弁護人」を依頼できるようになっています（憲37条3項）。資力に乏しい刑事被告人が，自分で弁護士を依頼できないときには，国が付けることになります。これを国選弁護人といいます。憲法の条文では，国選弁護人が付くのは刑事被告人とされています。起訴前の被疑者には明文がありません。しかし，被疑者段階でこそ弁護士の援助が必要なことが，冤罪事件の研究から明らかになっています。そこで，弁護士会による当番弁護士制度[*]の試みを経て，今日では被疑者国選弁護（刑訴37条の2以下参照）や公設弁護人制度についての立法がなされ，実施されています。総合法律支援法（平成16年6月2日公布）に基づく日本司法支援センターの契約弁護士がそれにあたっています。もっとも，被疑者国選弁護は被疑者が勾留された段階から付されるだけですので，その前の逮捕段階では依然として当番弁護士制度に頼らざるを得ないのが現状です。

*当番弁護士制度とは　これは，逮捕された直後の被疑者に弁護士会の当番弁護士が無料で接見して，弱い立場にある被疑者の権利擁護を図るものです。被疑者段階での意に反す

る自白が冤罪の原因になることが多いのに，被疑者国選弁護制度がなく，資力のない被疑者の人権保障に問題がありました。人権擁護と社会正義の実現を使命とする弁護士が，費用を出し合って自主的に行っているものです。

III 強制手続と人権保障

1 令状主義

犯罪の容疑があるというだけで，犯罪の取り締まりにあたる警察が自分の判断だけで人を逮捕，抑留・拘禁したり，住居や書類，所持品を自由に捜索・押収できるのでは，警察権力の濫用を認めることになるおそれがあります。そこで，憲法は原則的にそれらの強制処分からの自由を保障したうえ，それでも強制処分が必要なときは，現行犯逮捕の場合を除き，「権限を有する司法官憲」(＝裁判官) の発する令状によらなければならないとしています (憲33条・35条)。これを令状主義といいます。

> ＊**令状主義の例外**　令状主義の例外としてさらに刑事訴訟法210条が定める緊急逮捕があります。この合憲性については争いがあるのですが，最高裁は，「厳格な制約の下に，罪状の重い一定の犯罪のみについて，緊急やむをえない場合に限り，逮捕後直ちに裁判官の審査を受けて逮捕状の発行を求めることを条件とし被疑者の逮捕を認めることは，本条の趣旨に反するものではない。」としました (最大判昭和30・12・14刑集9巻13号2760頁)。

しかも，その令状には，理由が明示されなければなりません。逮捕状には，理由となっている犯罪を明示しなければなりません。捜索と押収には，それぞれ別個の令状が必要であるとともに，それらは，「正当な理由に基づいて発せられ，且つ捜索する場所及び押収する物を明示する」ものでなければなりません。いわゆる別件逮捕や別件押収・捜索は本来，令状主義に反し，許されないものなのです。また，今日，捜査手段として厳格な要件の下で電話盗聴が認められています。しかし，盗聴の場合は，〈会話〉が捜索押収すべき「物」にあたるとせざるを得ないでしょう。このようなこともあって，電話盗聴にはその捜索・押収すべき物を特定するのが困難だという問題があります。電話盗聴は，通信の秘密保障に抵触するおそれがあるだけでなく，令状主義にも反するおそれがあるとの批判もあります。

2 理由開示請求権と弁護人依頼権

 何人も、直ちに理由が告げられ、かつ、直ちに弁護人に依頼する権利を与えられなければ、抑留・拘禁されません。また、何人も、正当な理由がなければ、拘禁されず、要求があれば、その理由は、直ちに本人およびその弁護人の出席する公開の法廷で示されなければなりません（憲34条）。弁護人依頼権については、被疑者と弁護人との接見交通が保障されないと意味がありません。捜査機関による接見の日時等の指定は、あくまでも必要やむを得ない例外的措置として許されるにすぎないというべきでしょう。

3 不利益供述強要の禁止

 憲法は、公務員による拷問の禁止（憲26条）と並び、不利益供述を強要されない権利を保障しています（憲38条1項）。これは自己負罪拒否特権ともいわれます。刑事訴訟法はさらに明確に、黙秘権を保障しています（刑訴198条2項・291条2項）。黙秘権は、不利益か利益かの区別を問わず、一切の供述を拒絶できる権利です。もっとも判例は、氏名については黙秘権が及ばないと解しています。自己負罪拒否特権と黙秘権は違うとの見解もありますが、本人に利益な供述なら強要してよいとはいえないでしょうから、結局のところ自己負罪拒否特権も供述を強要されないことを意味すると解すべきでしょう。

 被告人は弁護士の援助を得ても、国家機関として強大な権限をもつ検察官に対抗することは並み大抵のことではありません。自己に有利と思って述べたことが裏目に出てしまうこともあります。黙秘権は、弱い立場にある被告人の最後の砦なのです。

 古くは「自白は証拠の王」とされ、自白を得るための拷問が認められていたのですが、近代法は人道に反するものとして拷問を禁止しました。

4 自白法則

 拷問を禁止するだけでは拷問はなくなりません。無理やり取られた自白は証拠にできないようにしないと、自白の強要はなくならないのです。憲法38条2項は、「強制、拷問若しくは脅迫による自白又は不当に長く抑留若しくは拘禁された後の自白は、これを証拠とすることができない。」と規定しています。また、「自己に不利益な唯一の証拠が本人の自白である場合には、有罪とされ、又は刑罰を科せられない。」（同条3項）とされています。自白には補強証

トピカ　代用監獄と取調べの可視化

　犯罪捜査には逮捕や勾留，捜索・押収などの強制捜査と，聴込みや参考人聴取などの任意捜査があります。司法警察員は，被疑者を逮捕したり受け取ったときは，黙秘権を告知しつつ弁解の機会を与え，留置の必要があると思料するときでも48時間以内に書類および証拠物とともに検察官に送致する手続をしなければなりません。検察官は逮捕から72時間以内に裁判官に被疑者の勾留（こうりゅう）を請求するか，釈放しなければなりません。勾留は，裁判官の発する勾留状によりなされるのですが，勾留請求の日から原則10日間，やむを得ない事由のあるときは一般の事件でもさらに10日間の延長が可能です。それ以上の勾留が必要なときは，起訴する必要があります。もっとも，さらに別件で逮捕，勾留すれば引き続き被疑者勾留で取り調べることができます。

　刑事訴訟法によりますと，起訴された被告人の勾留は，被告人に逃亡や罪証隠滅のおそれがあるときに認められます。ところが，起訴前の被疑者については，検察官や司法警察職員などが出頭を求め取り調べることができ，被疑者は勾留中，その出頭要求を拒めないとされている（刑訴198条）ことから，勾留は，実際上は，被疑者を取り調べる手段として使われているとの指摘もあります。ここから，長期間，長時間にわたる密室での取調で自白させるという日本の刑事司法手続の特徴が出てきます。

　もう1つの特徴が，いわゆる「代用監獄」です。被疑者勾留の拘禁場所は本来，警察とは別組織である刑事施設内の「拘置所」であるのですが，実際には警察署内の留置場に拘禁されることもかなりあります。取調べる側の支配下に被疑者を1日中置くことから「冤罪の温床」になっているとして批判されてきたものです。

　捜査段階で厳しい取調べに耐えきれず苦し紛れに自白してしまっても公判廷で否認すれば裁判官はわかってくれる，と期待する人がいます。しかし，本文にて前述したように多くの場合，捜査段階での供述調書が優先させられてしまいます。このように捜査段階の取調調書が裁判で重視されることから，自白を得るための密室での長期間・長時間にわたる取調が重視されることになるといってよいでしょう。

　現在，取調過程をビデオ撮影などにより可視化しようとする取組みが進んでいます。その理由は，長期間・長時間にわたる密室での取調が冤罪を生んでしまうとの懸念に応えたり，また素人である裁判員に調書が無理やり作られたものでないことをわかりやすく示す必要があることなどに求められています。可視化は密室性のもつ問題性を一歩改善するものといえます。しかし，これだけでは日本における捜査段階の取調べがもつその他の重要問題は依然として残されたままなのです。

拠が要るというわけです。

> ＊公判廷での自白はどうか　　この点につき，「公判廷における被告人の自白は，自由な状態において供述されるものであるから，裁判所の自由心証によって真実に合すると認められる場合には，他の補強証拠を要せずに犯罪事実の認定ができる。」とするのが判例です（最大判昭和23・7・29刑集2巻9号1012頁）。

5　一事不再理

刑事裁判にかけられたが，無罪になった者を，同じ容疑で再度裁判にかけることは許されません。刑罰の恐怖にさらされた者に国家側の不手際で再度危険を負わすことになってしまうからです。また，同一の犯罪について，重ねて刑事上の責任を問われません。この点につき問題になるのが，同一の違法行為につき刑罰と行政罰の両者が加えられる場合です。刑法と行政法とでは立法目的に違いがありますので，その限りにおいて，刑罰と行政罰との併科は認められるべきでしょう。

> ＊追徴税と罰金刑　　法人税法上の追徴税は行政上の措置であるから，罰金刑と併科しても憲法三九条に違反しない，とされます（最大判昭和33・4・30民集12巻6号938頁）。

6　刑事補償

抑留・拘禁された後，無罪の裁判を受けたときは，国にその補償を求めることができます（憲40条および刑事補償法）。これは，被告人を誤って訴追したことにつき国側に何らの過失もなかった場合でも請求できます。なお，国側に故意・過失があれば，その請求に加え，国家賠償法により国に対して損害賠償請求ができます。

IV　犯罪被害者等の権利

1　伝統的な刑事裁判観

従来，刑事裁判は犯罪者に対する国家刑罰権確定のための手続であると考えられてきました。その考えからしますと，刑事裁判は，国家と被疑者・被告人との対立関係においてとらえられ，犯罪被害者は裁判手続上の当事者ではないとされます。その考えを一面的，形式的に及ぼした結果，犯罪被害者は，国家

の都合で,事情聴取されたり,証人として召喚されることはあっても,自らの権利として裁判に関与することはできないとされました。たとえば,自分が被害者となった事件であるのに起訴の有無や裁判の日時さえ知らされませんでした。また,犯罪被害者が刑事手続において被告人等による不用意な発言等でかえって傷つけられてしまうという問題もありました。

2 被害者保護の動き

そのような状況に対し,犯罪被害者の権利を認めるべきだとする被害者運動が高まり,被害者保護法制が整備されていきます。2000年の刑訴法改正により,犯罪被害者が証人となる場合の保護規定（刑訴157条の2～4）や,証拠調べにおける意見の陳述を認める規定（刑訴292条の2）が設けられました。また,2004年には,犯罪被害者等（被害者,その家族および遺族を含む）の権利が尊重されてきたとは言い難く,また,支援を受けられないまま,様々な弊害に苦しんできたとして,犯罪被害者等基本法（平成16年12月8日法律161号）が制定されました。これは,犯罪被害者等のための施策の基本理念を明らかにしてその方向を示し,施策を総合的かつ計画的に推進することを目的にするものでした。それを受け,刑事手続に関しても大きな改正がなされます。被害者参加に関する規定（刑訴316条の33～39）が新設され,公判期日への出席,証人尋問,被告人質問,弁論での意見陳述等が認められるようになります。もっとも,このような改正に対しては,有罪認定がされない段階における被害者等の意見陳述が裁判員に予断・偏見を抱かせないか,情緒的な判断を導かないかなどの疑問も出されているところです。

さらに,犯罪被害者等の権利利益の保護を図るための刑事手続に付随する措置関する法律（平成12年5月19日法律75号）が制定され,有罪判決を損害賠償請求に利用する制度（損害賠償命令制度）が設けられました。

▶ EXAM 設問
[問1]　「無罪の推定」原則はなぜ必要なのでしょうか。また,その原則は,刑事司法手続における被疑者・被告人の地位・立場にどのような影響を及ぼすのでしょうか。
[問2]　令状主義の意味と必要性について述べなさい。

【参考文献】
福井厚『刑事訴訟法〔第7版〕』（プリマ・シリーズ）有斐閣，2012年。
村井敏邦『裁判員のための刑事法ガイド』法律文化社，2008年。

Chapter 10

日本国憲法と権力の分立

●法律を守るということの意味

末川博『法律』(岩波新書, 1961年) の末尾に, 次の通り記されています。

「法律がわれわれを包む空気のようなものでありまた空気の成分たる酸素のようなものであるとするならば, われわれは, いつも空気を清潔にして酸素を適当に保有するように努めなければならない。その空気を汚染したり酸素を収奪したりするものに対しては, これを排撃するためにたたかうことが, 空気のなかに生きている人間の当然の務めではあるまいか。」(189頁)。

まさか民主主義を諦めるわけにはいきませんが, およそ人が全知全能ではなく, 多数決も万能ではないとすると, 皆に選ばれた人たちが皆のために話し合い, 皆のために定めたり変えたりする法律にも, やはり限界があります。

◆この章で学ぶこと◆

・人権保障と国民主権の緊張関係とはどのようなものでしょうか。
・市民革命による立憲主義の確立とはどのようなものでしょうか。
・最高法規が硬性憲法である理由とはどのようなものでしょうか。
・日本国憲法に基づく権力の分立とはどのようなものでしょうか。

I 自由主義と民主主義

1 自己決定と合意

自分のことが自分で自由に決められるというのは, とても大切なことでしょう。また, 皆のことを皆で話し合い, 皆で決めたことに皆が従うということも, やはり当然のことでしょう。どちらも正しい考え方なのでしょうが, これ

らが矛盾してしまうこともあります。

　自分ひとりで決める方が皆で話し合うよりも自分の思いどおりになりやすいですが，皆で決めて自分も従うということを拒んでばかりはいられません。けれども，合意を形成したり調達したりする民主主義の仕組みにより共同決定された事項に粛々と服従するほかないようなありさまでは，もはや自己決定の余地がありません。

　ことがらを完全に仕分けて自己決定と合意が競合する場面をなくしてしまい，まったく強制のない共生を構想することは，およそ不可能でしょう。現実の社会に暮らすということは，必ずしも明確な境界線のない公私の領域を日常的に往来するということにほかなりません。

　ことわざにも2度あることは3度あるといったり，あるいは3度目の正直といったりしますが，いざ現実のなかで3度目の行方を占おうとするときには，これらを双方もっともらしい知恵として記憶しているばかりでもいられません。おなじみの古来の教訓も，それぞれの局面に応じて使い分けるのでなければ，行動の道標にはならず，せいぜい事後の説明にしか使用できません。言葉の慣用の世界では，それでも不都合がないのかもしれませんが，ときに強制を伴う法の世界では，きちんと折り合いがつくように，ルールの体系的な整合性を確保しておく必要があります。

　ルールのシステムをデザインするときに欠かせないのが，その基本となるコンセプトです。自己決定の権利が保障されるとともに，合意に基づく民主主義の権力が機能するには，これらが水平的な対等関係ではなく垂直的な上下関係にあることを前提にして，両者の関係を良好に整理しておくためのコンセプトが必要です。しかも，それに基づくデザインは，気紛れに変更されるような不安定なものではなく，確固としてユニヴァーサルなものが望ましいでしょう。近現代の日本史や世界史のなかには，そして，現在のルールのシステムにも，それを追求してきた営為の軌跡を確認することができます。

2　人類普遍の原理

　権利と権力の根本的な関係を定めている日本国憲法の基本原理には，平和主義のほか，人権保障や国民主権があり，背景に自由主義や民主主義の思想があります。これら全部を盛り込み，「日本国民は，正当に選挙された国会におけ

る代表者を通じて行動し、われらとわれらの子孫のために、諸国民との協和による成果と、わが国全土にわたつて自由のもたらす恵沢を確保し、政府の行為によつて再び戦争の惨禍が起ることのないやうにすることを決意し、ここに主権が国民に存することを宣言し、この憲法を確定する」（憲法前文1段）と明記しているのは、大日本帝国憲法が欽定憲法であったのとは対照的に、国民が「代表者を通じて」憲法制定権力を行使した民定憲法として、その制定目的を簡潔に記録しているものです。

　大日本帝国憲法も条文形式の成文憲法であり、外形により分類される形式的意味の憲法としては成典憲法でした。けれども、後に八月革命とも説明されるポツダム宣言の受諾（1945年8月14日）により帝国が破綻したとき、この天皇主権を基本原理としていた「不磨ノ大典」（憲法発布勅語）の大部分が実質的に失効しました。法律を改正する場合よりも格段に厳格な要件を設け、貴族院と衆議院の「両議院ハ各々其ノ総員三分ノ二以上出席スルニ非サレハ議事ヲ開クコトヲ得ス」という特別な定足数や「出席議員三分ノ二以上ノ多数ヲ得ルニ非サレハ改正ノ議決ヲ為スコトヲ得ス」（明憲73条2項）という特別多数の議決要件を定めていた硬性憲法でしたが、これらの要件を充足して実現することを想定されていたのは、当然ながら、あくまでも一部を変える改正であり、まるごと全部を替えるような変動ではありませんでした。

　しかし、ポツダム宣言には、「民主主義的傾向ノ復活強化」や「言論、宗教及思想ノ自由並ニ基本的人権ノ尊重」（10項）のほか、「無条件降伏」（13項）に続く占領の解除の要件として、「日本国国民ノ自由ニ表明セル意思ニ従ヒ平和的傾向ヲ有シ且責任アル政府」（12項）をもつ国家に再生することが含まれていました。このような宣言を受諾するということは、いわば帝国の自殺を意味していました。敗戦直後の混乱を回避するためにも、便宜的には新憲法の制定による新国家の樹立ではなく「帝国議会の議決を経た帝国憲法の改正を裁可」（上諭）という体裁が採用されましたが、外形ではなく内容に着目して実質的意味の憲法を新旧比較してみると、固有の意味の憲法とも呼ばれる国家の基本法は、このとき君主制から民主制への国家体制の大転換に伴い抜本的に変更されました。

　軍国主義や神国史観の全面否定を前提として、日本国憲法は、平和主義や自

由主義とともに民主主義を基礎に据え,「そもそも国政は,国民の厳粛な信託によるものであつて,その権威は国民に由来し,その権力は国民の代表者がこれを行使し,その福利は国民がこれを享受する」という「人類普遍の原理」(前文1段)に立脚しています。ことさら普遍と明記されているのは,時間や空間を超越して不変という意味ですから,もちろん古今東西の事実を客観的に記述しているわけではありません。あくまでも法の言葉として,そうでなければならないと宣言されているのです。

もっとも,万人の英知を結集して国民の総意を不足なく正確に反映する間接民主主義の政治過程というアイディアには,必ずしもリアリティがありません。また,多数決に名を借りた弱いものいじめが公然と横行するほどのことではなくても,およそ単純な正解のない複雑な問題に取り組むには試行錯誤がつきものですから,暫定的な合意の所産としての法律には,やはり自己決定の余地を過剰に封じ込めてしまうような失敗もあり得ないとはいえません。法治主義という言葉がありますが,法律に基づく統治の形式に全幅の信頼を寄せることは危険ですから,せめて安定的な枠組みにより,法律それ自体の実質が丹念に点検され,適正に担保される仕組みも必要でしょう。

自由主義と民主主義の絶妙な調和は,まさしく難題です。だからこそ,その追求には長大な歴史があります。

II 立憲主義の最高法規

1 市民革命の成果

中世の神学を基礎としていた王権神授説が神秘的な説得力を喪失して,近代の科学を背景とする社会契約説が世俗の権力の正当性を説明するようになると,財産と教養を併有する西洋の市民たちは,革命により絶対主義の圧政を打倒しました。17世紀のイングランドの政変も清教徒革命や名誉革命と呼ばれ,18世紀にはアメリカ合衆国を建国した英領植民地の一斉独立もありました。とくに典型的な市民革命としては,自由と平等,そして少なくとも当初は社会の人々の連帯を意味する友愛よりも財産を一般的な標語としていたフランス革命がありました。

トピカ　他害原理（harm principle）

　古典を引用しておきましょう。ジョン・スチュアート・ミル『自由論』（1859年）は、「一つの極めて単純な原理を主張する」ために執筆されました。「文明社会のどの成員に対してにせよ、彼の意志に反して権力を行使しても正当とされるための唯一の目的は、他の成員に及ぶ害の防止にある」から、「ある行為をなすこと、または差し控えることが、彼のためになるとか、あるいはそれが彼を幸福にするであろうとか、あるいはまた、それが他の人の目から見て賢明であり或いは正しいことであるとさえもあるとか、という理由で、このような行為をしたり、差し控えたりするように、強制することは、決して正当ではありえない」と明快に主張されています（塩尻公明・木村健康訳、岩波文庫、1971年、24頁）。

　その成果を簡潔に記録しているのが、革命勢力の結集した国民議会による人（間）と市民の権利の宣言（1789年8月26日）です。いくどか改訂されているのですが、現行の第5共和制憲法の前文にも明記され、その実質的な構成要素にもなっているのは、わずか17か条のオリジナルです。条文数だけは、日本史に登場する聖徳太子の憲法と同じです。

　このフランス人権宣言は、いち早くアメリカ独立宣言（1776年7月4日）に表明されていた天賦人権思想の影響も受けながら、すべての人間が生まれながらに「自由、かつ、権利において平等なもの」（1条）であることを確認しています。そして、「あらゆる政治的な結合の目的は、人間の自然の権利、時効により消滅することのない権利の保全にある」とされ、このような自然権の内容が「自由、所有、安全および圧制への抵抗」（2条）にあるとされています。

　このうち「自由とは、他人を害しない一切のことをなしうることにある」（4条）と定義されているのですが、このように人権の限界を他害に限定する原理は、ほかの誰でもなく本人のためだという理由の制約を認めません。直後の条文に、「法律は、社会に有害な行為しか禁止する権利をもたない」（5条）という規定もあります。親が子に諭すかのごとく見下ろして本人のためにならないと説教するような父権主義（paternalism）の発想には、人権の制約を正当化することが許されていません。

　財産の安全な「所有」を「不可侵の神聖な権利」（17条）として確保すると

ともに,「思想および意見の自由な伝達」を「人間のもっとも重要な権利の一つ」(11条)として確立した市民たちは,権力から手出しをされない権利としての自由を平等に享受することができるように,自由放任を権利保障の基本様式とする自由国家を樹立しました。財産と教養に恵まれた人たちには,お節介など無用ということだったのでしょう。封建主義を排除して私的自治などの原則を確立した近代市民国家は,経済活動の舞台である自由市場への積極介入を必要とされず,その権力の発動や予算の規模が秩序と治安を維持する警察の機能などに小さく限定された消極国家でもありました。もっとも,その小さな政府の役割が小さすぎることを不足とする立場からは,やがて夜警国家と批判されることにもなりました。

　フランス人権宣言は,この通称とは裏腹に,人権ばかりでなく主権についても規定しています。「あらゆる主権の淵源は,本質的に国民に存する」(3条)という規定です。主権という言葉は,もともと排他的な国家統治権と対外的な最高独立性を同時に意味する国家主権として成立しました。十字軍の遠征に失敗するなどして凋落した教皇の権力による干渉を排除するとともに,国内を統一して地方の領主たちを服従させた君主が,その国家を体現する至高の存在として主権を行使していました。ブルボン王朝の最盛期には,自分こそが国家だと称した専制君主がいたともいわれています。

　政治に関する最終決定権としての君主主権を打破した市民たちは,あくまでも市民主権ではなく国民主権を宣言しました。恵まれない立場の人々が多数を占めるなかで財産と教養をもつ自分たちが少数にすぎないことを明らかにするような名簿を作成して,その具体的な人間の集団が主権を現実に行使することを希望していたわけではありません。むしろ,主権の名義が抽象的な概念としての国民にあるという建前のもと,政治参加が人間の権利ではなく,市民の権利であるという論理により,市民たちは,国民の総意ではなく「一般意思の表明」(6条)としての法律を定立するという公務を寡占して,政治の実権を掌握していました。

　こうした巧妙な論理の背景にあったのは,いわば盛者必衰の理の自覚です。奪われては困る自由と財産を守るために立ち上がった市民たちには,わが世の春を謳歌して次なる革命の標的になる愚を犯さない程度の教養も備わっていた

のでしょう。でも，このように有権者の範囲を限定していた制限選挙の論理は，やはり選挙権の本質を権利ではなく公務だとする説明に無理がありました。いわば分割請求権を観念しえない主権にも持分があり，それを正当に行使する方法が投票にほかならないという発想が普及するようになると，やがて普通選挙を要求して確立する後世の運動により否定されることになりました。

2 近代の立憲主義

フランス人権宣言には，「権利の保障が確保されず，権力の分立が規定されていない社会は，すべて憲法をもつものではない」（16条）とも明記されています。このような要素を内包する実質的意味の憲法は，近代的意味の憲法や立憲的意味の憲法と呼ばれてきました。立憲というのは，憲法を制定するという意味の言葉ですが，制定するのは使用するためです。そして，その主要な用途は，権力を制限して，権利を保障することにあります。

権力者による恣意的な専制政治は，その権力者が独裁者である場合に限らず，とめどなく暴走してしまうことがあります。ときには徳政や仁政になることもあるのでしょうが，善政が続くと保障されないようでは，どうにも安心できないでしょう。権力者の人間性などに期待するばかりでは，あまりにも不安定です。そこで，人類の知恵は，人の支配に限界のあることを悟り，法の支配を選び，立憲政治というものを生み出しました。法律を制定するなどして権利を制限するのは権力ですが，その権力も法に服するという考え方です。

その端緒となる発想は，古代の古典にも記述されていますが，法的な文書として現在でも参照されることが多いのは，おそらく中世のイングランドのマグナ・カルタ（1215年6月15日）が最古でしょう。この大憲章は，もともと当時の国王が臣民の信頼を喪失した失政の始末書のような勅許状です。改めて確認された古来の慣習による王権の制限を基調として，貴族の権利などを確認しています。

中世のうちは教皇により効力を否定されるなどの紆余曲折もありましたが，近代にいたりイングランドの政変や北米植民地の独立などに際しては，王権打倒の思想的な原動力として活用されることになりました。いまでは国際連合教育科学文化機関（UNESCO）の世界の記憶にも登録され，いわゆる世界記憶遺産の1つにも数えられるようになりました。形式的意味の憲法をもたないイギ

リスでは，国王が臣下の忠言を承認するという前文の部分が，伝統的な憲政の基礎を確認するものとして，実質的意味の憲法の構成要素とされています。

封建時代の中世立憲主義は，権力が制定する法律とは別格の法が権力の上位にあると想定して，この上位の法に権利の保障を期待していました。しかし，古来の慣習から抽出された権利は，いまだ貴族など特定の身分を前提としており，なおも権力を制限する方策が未発達でした。フランス人権宣言のほか，これに先立ち制定されたアメリカ合衆国憲法などに採用されたのは，特定の身分を前提にしない権利の保障を目的として，権力の分立などにより，その暴走を抑止するという効果的な手段です。

3 天皇主権の時代

大日本帝国憲法に，「天皇ハ国ノ元首ニシテ統治権ヲ総攬シ此ノ憲法ノ条規ニ依リ之ヲ行フ」（4条）と規定されていたうち，「此ノ憲法ノ条規ニ依リ」という後段の部分には，確かに立憲主義の傾向がありました。いわゆる大正デモクラシーの時期には，この側面を強調して諸外国の憲法との比較に積極的な理論も登場しました。国家を権利や義務が帰属する法人として法的に把握するとともに，その最高の意思決定機関として世俗的に天皇の地位を説明する天皇機関説が，一般に通用する学説としての通説になりました。しかし，前段には「統治権ヲ総攬」というのですから，もとより立憲主義の採用も本格的ではなく，ビスマルク憲法と通称される君主制のドイツ国憲法（1871年4月16日）と並べて外見的立憲主義に分類されるものでした。

帝国の欽定憲法のもとでは，「帝国議会ノ協賛ヲ以テ立法権ヲ行フ」（明憲5条）のも，「神聖ニシテ侵スヘカラス」（明憲3条）と位置づけられていた「万世一系ノ天皇」（明憲1条）であり，内閣に関する憲法の規定がなく，内閣官制（1889年12月24日）という名称の勅令に基づく「内閣総理大臣」が同輩中の首席を意味する「首班」にすぎず，あくまでも「国務各大臣ハ天皇ヲ輔弼シ其ノ責ニ任ス」（明憲55条1項）と定められていました。さらに，「司法権ハ天皇ノ名ニ於テ法律ニ依リ裁判所之ヲ行フ」（明憲57条1項）というのが当時の建前であり，天皇主権のもとでは，このように権力の分立も副次的なものでした。

また，権利の保障については，そもそも文字通りの人権ではなく，あくまで「臣民権利義務」（2章）が規定されていました。この憲法の制定が構想された

当時も西欧の市民革命の成果が知られていなかったわけではありませんから，あえて反映されていなかったのです。国会が開設される以前，少なくとも保安条例（1887年12月25日）により公式に禁圧されるまでには，いくつもの私擬憲法が起草されていました。そして，それらの憲法草案のなかには，権利の保障と権力の分立を基調とするものもありました。

　自由民権運動に身を投じた植木枝盛の東洋大日本国国憲案という名称の草案には，「日本ノ国家ハ日本各人ノ自由権利ヲ殺減スル規則ヲ作リテ之ヲ行フヲ得ス」（5条）という権利保障最優先の大前提があり，たとえば「生命ヲ全（まっとう）フシ四肢ヲ全フシ形体ヲ全フシ健康ヲ保チ面目ヲ保チ地上ノ物件ヲ使用スルノ権」（44条）や「自由ニ歩行スルノ権」（57条）までも列記した随分と詳細な「自由権利」のカタログがありました。なかには，「日本人民ハ何等ノ教授ヲナシ何等ノ学ヲナスモ自由トス」（59条）という規定も含まれていました。このような「自由権利」が意図的に盛り込まれなかった大日本帝国憲法のもとでは，法学という学問も不自由を免れませんでした。

　とくに柳条湖事件（1931年9月18日）を発端とする満州事変の頃からは，犬養毅首相が青年将校たちに殺害された5・15事件が発生したり，リットン調査団による日支紛争調査委員会報告書（1932年10月2日）が採択された国際連盟から常任理事国の立場を放棄して脱退したり，内外に混乱の要因が続出するなかで，たとえば，小説『蟹工船』や『党生活者』などを発表したプロレタリア作家の小林多喜二が特別高等警察により警察署内で殺害（1933年2月20日）されていますが，近代刑法の謙抑主義を講述した瀧川幸辰も著書『刑法読本』や『刑法講義』の発禁処分（同年4月10日）を受け，さらには休職処分（同月27日）により京都帝国大学から追放されるなど，学界でも舌禍事件や筆禍事件が続発しました。天皇機関説も，日本型ファシズムの潮流が激流になると，やがて国体明徴に関する政府声明（第1次1935年8月3日，第2次10月15日）により排撃されることになりました。

4　なぜ最高法規か

　[1] **権利と権力**　　日本国憲法は，近代立憲主義の流れを汲んでおり，「最高法規」（10章）の冒頭に，「この憲法が日本国民に保障する基本的人権は，人類の多年にわたる自由獲得の努力の成果であつて，これらの権利は，過去幾多の

Chapter 10　日本国憲法と権力の分立

試錬に堪へ，現在及び将来の国民に対し，侵すことのできない永久の権利として信託されたものである」(憲97条) と規定されています。近代の西洋において先駆的に確認された市民革命の成果が，ここに「日本国民」限定ではなく「人類の多年にわたる自由獲得の努力の成果」として反映されています。また，「現在及び将来の国民」限定の権利ではなく「基本的人権」の保障が，ここに「最高法規」の存在理由として明示されています。

　そして，この条項に続くのが，「この憲法は，国の最高法規であつて，その条規に反する法律，命令，詔勅及び国務に関するその他の行為の全部又は一部は，その効力を有しない」(憲98条1項) という規定です。相互に矛盾する内容のルールが同等に併存する状態では，物事が上手く解決できませんから，法の世界には，特別法が一般法を破り，後法が前法を破るという優劣の関係がありますが，これらの関係にも優先するのが，上位法が下位法を破るという上下の関係です。その最上位にあるのは，形式的意味の憲法であり，日本国憲法の場合は，この最上位の形式に詰め込まれているのが，権利の保障と権力の制限を主調とする実質的意味の憲法です。

　同じ章の最後の条文に，「天皇又は摂政及び国務大臣，国会議員，裁判官その他の公務員は，この憲法を尊重し擁護する義務を負ふ」(憲99条) と規定されています。一般の人々が列挙されていないのは，そもそも権利の保障を確保するための「最高法規」により制限されるべきなのが，まさか人々の「基本的人権」であるわけもなく，それを制限する権力であるからにほかなりません。

　もとより「国民の権利及び義務」(3章) のための憲法に基づく統治ですから，まずは「国会」(4章) と「内閣」(5章) と「司法」(6章) の権力が分立されています。これら相互の抑制と均衡が機能する統治のシステムのなかで権力を行使する「公務員」には，さらに憲法尊重擁護義務が課せられています。大日本帝国の時代とは完全に異質な「公務員」である「天皇」(1章) は，あくまでも「象徴」(憲1条) であり，まったく「国政に関する権能を有しない」(憲4条1項) のですが，それでも民定憲法の明文規定により，ことさら護憲を義務づけられているのには，日本国憲法が制定された戦後処理のなかで，こうした位置づけの抜本的な変更と表裏一体に関連づけられて導入された「戦争の放棄」(2章) ほど明瞭ではないにしても，かなり入念な過去との訣別が含意

143

されているでしょう。

　[2]　**硬性憲法**　このような「最高法規」の「改正」（9章）には，厳格な要件が用意されています。最初に国会が「各議院の総議員の三分の二以上の賛成」というハードルをクリアして発議する改正案は，さらに「特別の国民投票又は国会の定める選挙の際行はれる投票において，その過半数の賛成を必要とする」（憲96条1項）というのですから，およそ容易に実現できることではないでしょう。

　通常の法律の場合は，そもそも「総議員の三分の一以上の出席」（憲56条1項）が定足数であり，それぞれの「出席議員の過半数」（憲56条2項）により「両議院で可決したとき法律となる」（憲59条1項）というのが原則です。憲法改正の要件は，これよりも格段に厳格であり，これまでに改正の実例もない日本国憲法は，まさしく硬性憲法の典型例です。そして，硬性であるのには，もちろん，それなりの根拠があります。権利の保障のために重石となって権力を制限している「最高法規」が，権力により制定されたり改廃されたりする下位法と同程度に改正の容易な軟性憲法であっては，その立憲主義に基づく存在理由が没却されてしまうからです。

　同じように考えると，「日本国が締結した条約及び確立された国際法規は，これを誠実に遵守することを必要とする」（憲98条2項）としても，憲法に違反してまで「誠実に遵守」してはならないことになります。少なくとも，内閣が「事前に，時宜によつては事後に，国会の承認を経る」という要件をクリアして「条約を締結すること」（憲73条3号）により憲法改正がバイパスされてしまうようでは，民主主義の思想を背景とする国民主権の原理が外国との結託により潜脱されてしまい，ことがらによっては自由主義の思想を背景とする人権保障の原理までもが歪曲されてしまいます。

　また，権力を行使する「公務員」が憲法の規定の解釈を都合よく変更してしまうことも，改正手続のバイパスであり，法の支配から人の支配へと歴史を遡行して，立憲政治の正道を踏み外すことにほかならないでしょう。憲法違反の権力行使が社会に事実として定着するようなことは，それ自体が異常な事態ですが，慣れて開き直り，人々に理解されている憲法の規定の意味が変化したということをルールとしても承認してしまえば，この憲法の変遷という概念を使

用して説明されるバイパスにより，立憲主義が動揺することになります。

権利が保障されるための「最高法規」には，国民主権の原理にも立脚する権力の分立を前提として，「最高裁判所は，一切の法律，命令，規則又は処分が憲法に適合するかしないかを決定する権限を有する終審裁判所である」（憲81条）と規定されています。この憲法の番人に託されている秤は，立憲主義の「最高法規」にふさわしい硬性憲法の特別な改正手続によらなければ改変不能と考えるべきでしょう。折々の選挙により集約される不安定な民意を万能だと誤解してしまうようでは，民主主義の政治過程における合意の形成も，それ自体としては人の支配の方法にすぎないということを看過してしまうことになるでしょう。

5 権力分立の構造

[1] **司法の独立**　違憲審査権を行使する裁判所は，「司法権」（憲76条1項）を独占しており，それゆえに独立しています。「会計検査院」（憲90条1項）という特殊な役所も法律上は内閣から独立しているのですが，憲法上も独立している裁判所の場合は，権力の主体が当事者になる事件でも公正かつ公平に裁くため，国民主権の原理に基づく民主主義の政治過程の全般から距離を置いて仕事をしています。

その原点にあるのは，どの選手の仲間でもない審判のような存在として，「すべて裁判官は，その良心に従ひ独立してその職権を行ひ，この憲法及び法律にのみ拘束される」（憲76条3項）という規定です。外界からの干渉が排除されているだけでなく，裁判所の内部においても，上意下達のごとき職務執行が厳禁されています。それだけに，様々な公務員のなかでも「裁判官」については，手厚い身分保障（憲78条）や報酬保障（憲79条6項・80条2項）が定められています。安定感が抜群ですから，各地の裁判所を転々とする異動などが覚悟できるなら，目指してみてはいかがでしょうか。

日本国憲法に基づく三権分立の構造は，健全な抑制と均衡の関係が期待される三権を正三角形の各頂点に配置しているわけではなく，むしろ細長い二等辺三角形の短辺の両端に政治の部門である国会と内閣を配置するような議院内閣制を基礎にしています。法を司る部門としての裁判所が政治から画然と独立している部分の制度設計には，権力分立の意義が，とりわけ鮮明に浮かび上がっ

ています。

　[2] 司法の意義　　三権分立の構造を上手く理解するには，三権それぞれの中味により説明される実質的意味を把握する必要があります。たとえば，形式的意味においては「すべて……裁判所に属する」（憲76条1項）のが「司法権」ですが，裁判所法には「裁判所の権限」という見出しの条文があります。「裁判所は，日本国憲法に特別の定のある場合を除いて一切の法律上の争訟を裁判し，その他法律において特に定める権限を有する」（裁所3条1項）という規定です。憲法の明文規定に基づく特例として「議員の資格に関する争訟」（憲55条）や「弾劾裁判所」（憲64条1項）は除外されますが，ここで重要なのは「法律上の争訟」という概念です。

　歴史的な変遷を経験してきた現行法から帰納するのではなく，むしろ規範的に原理から演繹して「司法権」の中味を構成する学説は，原則として「公開法廷」（憲82条1項）の「裁判所において裁判を受ける権利」（憲32条）に正面から対応するのが「司法権」だと説明してきました。判例においても，「司法権が発動するためには具体的な争訟事件が提起されることを必要とする」（最大判昭和27・10・8）が，「法律上の争訟とは，当事者間の具体的な権利義務ないし法律関係の存否に関する紛争であつて，且つそれが法律の適用によつて終局的に解決し得べきものであることを要する」（最判昭和28・11・17）と説明されています。

　西欧の言語には，同じ単語が権利と法の双方を意味するものも多くあり，紛らわしいときには形容詞をつけるなどしているようですが，もとは同じ概念の個人にとっての主観的な側面が権利，社会にとっての客観的な側面が法だと理解されています。英語が顕著な例外ですので意外かもしれませんが，こうした用法を継受した開国の時代から使用されてきた専門用語では，権利の救済を求めている主観訴訟を裁いて決着をつけるのが本来の「司法権」の役割であり，権利のためでない客観訴訟を処理しているのは，「法律において特に定める権限」がある場合に，それが行使されているということになります。

　[3] 議院内閣制　　日本国憲法に基づく政治部門の基礎構造は，議院内閣総理大臣制でもなければ，国会内閣制でもありません。国民の選挙により選出される独任制の大統領とは違い，内閣総理大臣は，「内閣を代表」（憲72条）する

「首長」(憲66条1項)として,「全国民を代表する選挙された議員」(憲43条1項)である「国会議員の中から国会の議決」(憲67条1項)により選出されます。少なくとも閣僚の「過半数は,国会議員」となるように「国務大臣を任命する」(憲68条1項)ので,もはや同輩中の首席ではない宰相ですが,まさか自分だけで内閣を名乗るようなことはできません。

内閣総理大臣が主宰する伝統的に非公開の閣議により職務を遂行する合議制の「内閣は,行政権の行使について,国会に対し連帯して責任を負ふ」(憲66条3項)のですが,「衆議院で不信任の決議案を可決し,又は信任の決議案を否決したときは,十日以内に衆議院が解散されない限り,総辞職をしなければならない」(憲69条)と定められています。閣内に不一致があると問題にされる連帯責任の存在は,国民に対して負うべき本来の政治責任の追及が両院制の国会により媒介される構造を前提にしていますが,両議院というより衆議院と内閣の間に明確な抑制と均衡の関係があるのも,この民主主義と自由主義の双方を設計思想とする統治システムの特徴です。

[4] 国会の地位　国会に配分されている権力は,両議院の抑制と均衡の関係により,なるべく慎重な審議がなされ,多種多様な利害や見地が代表されるように,衆議院と参議院に分立されています。ねじれた場合などの打開策として,衆議院の優越が設定されている事項(憲59条2項・60条2項・61条・67条2項)もありますが,そうでない事項(憲64条1項・96条1項)もあります。どちらを原則とする設計なのかは,必ずしも判然としませんから,まさしく解釈のしどころです。

国民の代表機関である国会は,それゆえに「国権の最高機関であつて,国の唯一の立法機関である」(憲41条)と位置づけられています。前段に「最高」という文字がありますが,国民主権を大義名分として権力分立を有名無実にしてはならないという観点からは,大日本帝国憲法の時代に「統治権ヲ総攬」(明憲4条)していたような統括機関を設置していないのが日本国憲法であり,法的な意味のない政治的美称でしかないと説明されます。

法的に無意味であれば,国会を構成している議院の国政調査権(憲62条)が,ほかの機関を監視するための独立の権限として強力に行使される根拠にはなりません。また,所在不明の権限を国会に帰属させたり,内閣や裁判所との

関係において，国会の権限を優越させたりする法的な推定の根拠にもなりません。それでも権限の帰属や優越の推定を働かせようとする考え方は，着眼点を移動させて国会が代表機関であることを根拠にしたり，権力分立の意義を没却するような上下関係はなくとも，有権者の審判を受ける政治責任の重みくらいは「最高」だという説明をしたりします。

　もっとも，国会が「唯一の立法機関」であるという後段の規定に法的な意味がないという学説は，おそらく皆無でしょう。「唯一」という文言を解釈して，そこから国会中心立法の原則と国会単独立法の原則を導き出すのが通例です。それぞれ，ほかの機関ではなく国会だけが，ほかの機関に関与されることなく国会だけで，実質的意味の「立法」に相当する規範を，形式的意味の「立法」である法律として制定することを原則とするものです。こうした原則に対する例外として，前者については裁判所規則（憲77条１項）などを，後者については内閣提出法案（憲72条）などを挙げることができますが，これらが例外となるのは，これらに実質的意味の「立法」が含まれているからです。

　実質的意味の「立法」の核心にあるのは，権利や義務に関する規範です。歴史的にみると，絶対王政を討ち果たした市民革命は，自由と財産の権利を確保するとともに，これらに関する法規の管理を，そのとき分立した権力のなかでも国民の代表機関に託しました。自由主義の観点から定義されていた法規の概念は，やがて民主主義の進展にともなう発想の転換により，およそ皆のことは皆の代表者が皆に成り代わり決めるべきだと考えられるようになると，一般的かつ抽象的な法規範に拡張されました。このような歴史を反映して国会が「立法機関である」ということには，個別的かつ具体的な法規範を法律として定め，それにより誰かの権利や義務を狙い撃ちにすることは許されないという限界があります。

　[5] 内閣の権限　　日本国憲法が，「行政権は，内閣に属する」（憲65条）と規定していることには，重大な論点が２つ含まれています。その１つは，もちろん，実質的意味の「行政権」とは何かです。これを積極的に定義しようとする学説もありますが，しだいに複雑になる社会に対応して国家の業務が増大した現代において「行政権」の肥大が顕著であることに鑑みると，この広大な裾野をもつはずの概念を簡潔に定義することは困難です。また，近代の歴史には，

かつて君主の掌中に権力が集中していた絶対王政から，市民革命により議会が国民の代表機関として奪取され，それに続いて司法の独立が達成されたという経緯があります。こうした近現代の歴史をふまえて，積極的に「行政権」を定義することはせず，国家権力の作用から立法と司法を差し引いた残りだと説明する控除説が通説になっています。

　もう1つの重大な論点は，「内閣に属する」ということの意味です。実際20名にも満たない閣僚だけでは「行政権」が行使しきれるはずもなく，国会議員たちが「唯一の立法機関」であり，裁判官たちが「すべて司法権」を行使しているように，大臣たちが「行政権」を独占することは，およそ不可能です。また，政治家には向かない仕事もあるのが「行政権」の行使でしょう。たとえば，内閣の事務のうち，「法律の定める基準に従ひ，官吏に関する事務を掌理すること」（憲73条4号）は，その大部分が政党政治の影響を受けないように独立の立場を確保された合議制の人事院に委ねられています。

　この独立行政委員会が憲法に違反しないと判定した判例があり，それによると，「行政権については憲法自身の規定によらなくても法律の定めるところにより内閣以外の機関に之を行わせることを憲法が認容しているものと解せられ，今日のような国家行政の複雑さに鑑みるときは，斯く解することが正当である」が，「内閣以外の独立の行政機関の存在を，憲法が認容しているとはいいながら，それは飽く迄例外的なもので，或行政を内閣以外の国家機関に委ねることが憲法の根本原則に反せず，且つ国家目的から考えて必要とする場合にのみ許されることはいう迄もない」（福井地判昭和27・9・6）と説明されています。最高裁判例ではありませんが，国民主権の原理に背馳せず，内閣の政治責任が不明確にならない限り，必要に応じて独立行政委員会を設置して「行政権」を行使させても差し支えないという論理は，すでに広く定着しています。

　また，内閣の事務には，「法律を誠実に執行し，国務を総理すること」（憲73条1号）も明記されていますが，この規定の前段と後段を峻別して，内閣の権限は「法律を誠実に執行」する「行政権」の頂点にあって，内閣総理大臣ならずとも「行政各部を指揮監督する」（憲72条）ことばかりでなく，政権として「国務を総理すること」にもあると解釈する学説もあります。国家公務員のなかでも政府与党の政治家には，その政治責任のある立場に相応しい特殊な業務

があるのかもしれませんが，それが何なのかは，実質的意味の「行政権」にもまして定義が困難でしょう。

　[6] **地方自治**　三権の水平的な分立ばかりではなく，国家と地方の垂直的な関係にも，権力分立の構造があります。日本国憲法が「地方自治」(8章)について規定しているからには，国家に固有の唯一不可分の主権と同質の権力ではなく，国家の主権に由来する地方の自治権であるとしても，伝来元の国家に返上することのできない何か核心的なものがあるはずです。「地方公共団体の組織及び運営に関する事項は，地方自治の本旨に基いて，法律でこれを定める」(憲92条)という規定は，ここでも法律が万能ではなく，憲法が想定している「地方自治の本旨」を踏み外してはいけないことを意味しています。

　憲法に基づいて自治が保障されている「地方公共団体といい得るためには，単に法律で地方公共団体として取り扱われているということだけでは足らず，事実上住民が経済的文化的に密接な共同生活を営み，共同体意識をもっているという社会的基盤が存在し，沿革的にみても，また現実の行政の上においても，相当程度の自主立法権，自主行政権，自主財政権等地方自治の基本的権能を附与された地域団体であることを必要とする」が，「かかる実体を備えた団体である以上，その実体を無視して，憲法で保障した地方自治の権能を法律を以て奪うことは，許されない」(最大判昭和38・3・27)と説明しているのが判例です。

　地方自治法などの法律によっても没却できない「地方自治の本旨」は，団体自治と住民自治の理念により構成されます。自由主義の思想を背景として権力分立の観点から地方分権を指向する団体自治の理念は，自治の主体が国家から法的に独立した団体であることを要求します。住民自治の理念は，いわゆる民主主義の学校として機能する身近な統治の現場において，住民が主体性を発揮することのできる制度設計を要請します。

　都道府県や市町村が「法律の範囲内で条例を制定することができる」(憲94条)のは，団体自治の理念に基づき，法律よりも下位の法形式により実質的意味の「立法」を独自に定めてよいということですが，それぞれの地方の実情を反映して独自に定めようとすると，法律よりも規制の強度が高い上乗せ条例や範囲が広い横出し条例になりがちです。このような自治立法の可能性に関する

先例は,「条例が国の法令に違反するかどうかは,両者の対象事項と規定文言を対比するのみでなく,それぞれの趣旨,目的,内容及び効果を比較し,両者の間に矛盾牴触があるかどうかによつてこれを決しなければならない」(最大判昭和50・9・10)という判断の枠組みを提示しています。人権の行使を制約する内容の条例が憲法問題となっていた事案の判決なのですが,この一般論の部分は,環境保護など地域の特性が重視されるべき分野にも活用されています。

住民自治に関連しては,「その地方公共団体の住民が,直接……選挙する」(憲93条2項)という規定の解釈が問題になります。この場合の「住民」については,「我が国に在留する外国人のうちでも永住者等であってその居住する区域の地方公共団体と特段に緊密な関係を持つに至ったと認められるものについて,その意思を日常生活に密接な関連を有する地方公共団体の公共的事務の処理に反映させるべく,法律をもって,地方公共団体の長,その議会の議員等に対する選挙権を付与する措置を講ずることは,憲法上禁止されているものではない」が,「このような措置を講じないからといって違憲の問題を生ずるものではない」(最判平成7・2・28)という判例があります。けれども,この判決が許容している法律上の「措置」には,いまだ実例がなく,どこかの自治体が条例を定めて国籍に拘泥しない住民自治を解禁しようにも,その前提がありません。

▶ EXAM 設問

違憲審査権を規定している日本国憲法には,「すべて裁判官は,その良心に従ひ独立してその職権を行ひ,この憲法及び法律にのみ拘束される」(76条3項)という規定もあります。どうして個々の「裁判官」の「独立」が必要とされているのでしょうか。また,自分を「拘束」している「法律」の違憲審査が可能なのは,どうしてでしょうか。

【参考文献】

浦部法穂『世界史の中の憲法』共栄書房,2008年。

小林武・三波敏克編『いま日本国憲法は──原点からの検証〔第5版〕』法律文化社,2011年。

Chapter 11

基本的人権と平和の保障

●現代の奴隷という言葉の意味

ポール・ラファルグ『怠ける権利』(1880年) は，標題からして意味深長ですが，標題論文の末尾あたりに，こんな文章があります。

「戦争は古代社会では普通の状態であった。自由人は《国家》の問題を討議し，防衛にあたるために自分の時間を使わねばならなかった。当時，手先を用いる職業はあまりにも原始的で粗野なものであったから，これをやりながら兵士と公民の務めを果たすことは無理だった。戦士と公民を確保しておくために，《英雄的共和国》では奴隷を哲人や立法者は黙許しなければならなかったのだ。——ところで資本主義のモラリストや経済学者も，現代の奴隷である給料生活者を推奨しているではないか。」

(田淵晋也訳，平凡社ライブラリー，2008年，72〜73頁)

◆この章で学ぶこと◆

・基本的人権の特性とはどのようなものでしょうか。
・基本的人権の主体とはどのようなものでしょうか。
・基本的人権の限界とはどのようなものでしょうか。
・基本的人権の類型とはどのようなものでしょうか。
・権利としての平和とはどのようなものでしょうか。

I 人権保障

1 現代の人権

日本国憲法の骨格や輪郭に投影されている歴史の教訓は，立憲主義を確立した市民革命に由来する近代憲法の理念ばかりではありません。近代市民国家か

ら現代大衆国家への展開も，確かに反映されています。

　市民革命の成果により封建主義の経済体制から脱却した諸国は，やがて産業革命の恩恵により自由放任の資本主義を飛躍的に進展させますが，手工業に機械工業が加わり，軽工業に重工業が加わったのには，家内制から工場制への生産体制の転換が作用していました。そうした集団化に即応して商業も高度に組織化される時代には，かつて克服された封建主義の身分制度とは別種の社会階層が構造化されます。

　やがて世界大戦や世界恐慌の時代には，市場原理の残酷な側面が放置できなくなりました。自由放任の原理に支配されていた競争社会の悲劇の典型的な現象が，資本の偏在による貧富の格差の拡大です。こうした現代ならでの現象に対応しては，ヴァイマル憲法と通称されるドイツ国憲法（1919年8月11日）を嚆矢とする現代憲法が制定されました。

　財産と教養に恵まれない大衆のなかには，権力から手出しをされない権利を保障されたところで，それを行使する前提に事欠くという人々もいます。すでに経済面において集団や組織に組み込まれていた19世紀の無産階級の人々は，イギリスでチャーティズムの運動を展開しました。後にラファルグの岳父ともなるカール・マルクスがフリードリヒ・エンゲルスとともに『共産党宣言』（1848年）を発表した年には，フランスの2月革命が現在も共和国の標語である自由と平等と友愛を掲げて，再度の共和制を生み出すとともに，翌月には周辺諸国に波及して，諸国民の春とも別称される革命の連鎖をもたらしました。

　これらを契機として，漸進的ながら政治にも参加するようになっていた人々は，それまでの自律的な人格を抽象的なモデルとする近代的な人間像を転換して，大衆の具体的なニーズに即応するとともに，社会的な連帯を法的に担保することも国家の重大な責務だと訴え，権力により手助けをされる権利の保障も新たに求めていました。こうした現代の人権も諸国において公式に承認されるようになると，立憲主義の国家像も大幅に転換されることになりました。

　近代市民国家から脱皮した現代大衆国家は，世間を世話する社会国家であり，必要に応じては国庫として市場に介入したり経済を統制したりするなどの施策を当然の任務とする積極国家でもあります。もはや人々の幸福の諸条件に無関心ではない福祉国家には，活動や財政の規模の大きな政府が伴い，行政権

の肥大がもたらされました。

　近代の立法国家から活動量の増大とともに統治の重点が移行した現代の行政国家は、その背景を提供してきた社会の複雑化に対応して、いずれも単独では多岐にわたる民意を反映しきれない政府与党と野党が常時の対抗関係にある政党国家ともなりました。そして、複雑化した政治の所産を逐次点検することも裁判所の役割となり、この意味で司法国家とも呼ばれるようになりました。

　こうした権力の分立の変容を要請したのは、権利の保障の拡充です。市民革命により18世紀までに確立した自由権と19世紀に拡大した参政権に、20世紀に登場した社会権が追加され、人権のカタログが豊富になりました。

　あくまでも人間の権利だという発想の原点が不動なのですから、社会の発展に伴って発見された新種の承認は、従前の権利が上書きされることを意味しません。こうした積層の歴史を反映して日本国憲法に規定されている「侵すことのできない永久の権利」（憲11条・97条）は、自由権や参政権や社会権のジャンルを網羅している個別の人権規定により敷衍されています。

2　人権の特性

　[1] 人権の固有性　　日本国憲法に基づいて保障される「基本的人権」（憲11条・97条）には、いわば本質として、固有性と不可侵性と普遍性があります。このうち固有性とは、およそ人権というものが帝国の臣民の権利などとは本来的に異質であり、人間が人間だから人間に固有の権利として自然に享有しているものであることを意味しています。どこかで購入したり拾得したりするものではなく、人間として出生した以上は、その最初から人生の最後まで、どこか途中で喪失したり放棄したりすることもなく、当然に享有しているはずの権利として保障されなければなりません。

　この固有性という性質を示唆して、欧風に天賦人権という言葉が使用されることもありますが、生命とともに天上から賦与されたという表現は、誰から与えられたものでもなく、また、憲法の条文に規定されているからという理由で享有する権利でもないことを意味しています。人権が憲法に基づいて保障されるのは、憲法の規定する権力が、最適な人権保障を究極の存在理由にしているからです。

　現代の人権には、確かに貧困者や労働者の権利など、特定の立場のニーズに

フィットするものが少なくありません。日本国憲法も，多くの場合には判例や法令を通じて，そのような人権保障を実現してきました。けれども，そのことが人権の固有性にもとるというわけではありません。抽象的な人格の共通性ばかりでなく，具体的な個性に着目して人権保障を課題とすることは，社会の現実を捨象せず，それを前提にして，人間に固有の権利をリアルに保障しようとすることにほかなりません。

　［2］**人権の不可侵性**　みだりに侵害されたり，むやみに制約されたりしてはならないのが人権であり，このような特性を説明するための言葉が不可侵性です。日本国憲法の場合は，人権が「侵すことのできない永久の権利」であるという規定により，この権利の不可侵性と固有性が同時に確認されています。

　もっとも，他人の迷惑を顧みないような人権の行使までも安易に容認されてしまうと，その他人が人権の行使を圧迫されることになりますから，人権といえども万能の権利として思いのままに使ってよいということはできません。人権の不可侵性という本質が意味しているのは，国家などの権力により正当な理由なく侵害されてはならないということです。わがままが放任されているということではありませんから，何が何でも絶対に制約されてはならないということにはなりません。

　［3］**人権の普遍性**　このような人権の限界とも関連しているのが，もう1つの普遍性という特性です。文字通り人間の権利として，誰にでもバリア・フリーに享有することができ，誰にでも保障されるユニヴァーサル・デザインの権利でなければならないことを意味している言葉です。

　日本国憲法が「すべて国民は，法の下に平等」（憲14条1項前段）な「個人として尊重される」（憲13条前段）ということを人権保障の出発点にしているのには，かつて国家の都合が優先された全体主義の反省ばかりでなく，人権の普遍性も含意されているでしょう。憲法に明記されているのですから，「法の下に」といっても法律の内容しだいの「平等」ではなく，相対的な個性を機械的に無視して合理的な区別も許容しない絶対的な「平等」でもありません。また，「人種，信条，性別，社会的身分又は門地」（憲14条1項後段）などは，ときに集団の標識ともなる個人の属性ですが，これらの如何にとらわれない不変の人権保障は，この権利の普遍性を実現することにほかなりません。

もちろん，万人が享有する権利となると，それらの行使が相互に衝突する危険性は，どうにも否定できません。そこで理不尽にも他人を押し退けるような行動が罷り通るようでは，人権が万人に保障されている権利ということになりません。人権の固有性を前提にした不可侵性と普遍性の両立が，とても重要な課題です。

3 人権の主体

［1］法人の人権　　人権の固有性という特性を重視すると，この人間に固有の権利が人間でないものにも保障されるのかということが問題になります。法の世界の登場人物として法人格をもち，権利や義務の主体となる広義の法人から，自然界においても人である自然人を除いた狭義の法人は，民法や商法などの私法の世界において限定的な権利能力をもつだけでなく，憲法に基づいて保障される人権も享有するのかという問題です。

会社を法的な擬制の産物であるにとどまらない「社会的実在」だと把握して，その存在理由を拡大解釈した判例は，それ自体として営利活動ではない政治献金にも権利能力が及ぶと判定したときに，憲法の「国民の権利および義務の各条項は，性質上可能なかぎり，内国の法人にも適用されるものと解すべきであるから，会社は，自然人たる国民と同様，国や政党の特定の政策を支持，推進しまたは反対するなどの政治的行為をなす自由を有する」(最大判昭和45・6・24)と判示しました。法人の人権が承認されるとなれば，それが自然人の人権と衝突することも問題になります。それでも「性質上可能なかぎり」と断言して敢然と「性質」説を採用した先例は，会社による政治過程への参入が自然人の参政権の侵害に直結するとはいえないと判断していました。

また，政治的信条に関係する学生時代の活動履歴を就職時に秘匿していた労働者が，企業から労働関係を打ち切られた事案においては，自然人の精神の自由と法人の経済の自由が正面衝突しました。このとき「基本的人権なる観念の成立および発展の歴史的沿革」にまで言及した判例は，「個人の自由や平等は，国や公共団体の統治行動に対する関係においてこそ，侵されることのない権利として保障されるべき性質のものであるけれども，私人間の関係においては，各人の有する自由と平等の権利自体が具体的場合に相互に矛盾，対立する可能性があり，このような場合におけるその対立の調整は，近代自由社会にお

いては，原則として私的自治に委ねられ，ただ，一方の他方に対する侵害の態様，程度が社会的に許容しうる一定の限界を超える場合にのみ，法がこれに介入しその間の調整をはかるという建前がとられている」（最大判昭和48・12・12）と説明しました。

この判例は，社会権を具体化する労働法の分野の法律が制定されていない事項について，違憲審査権の行使による救済に期待されても，裁判所としては，ごく例外的な場合にしか対応できないという態度を表明した先例として理解することができます。その後に目覚ましく展開してきた消費者法の分野においても，判例の基調は同様であり，具体的な人間像を前提とする現代の人権には，このように司法よりも立法に期待しなければならない事項が依然として少なくありません。

[2] **外国人の人権**　もう1つ，今度は人権の固有性だけでなく普遍性にも密接に関連する難問として，日本国憲法に基づいて保障される人権を享有する主体は，日本国籍により限定されるのかという問題を取り上げておきます。人権の特性や憲法の国際協調主義と呼ばれる基本的なスタンスからすると，頭から外国人の人権を否定する主張には，やはり無理があるでしょう。初期の判例にも，「いやしくも人たることにより当然享有する人権は不法入国者と雖もこれを有する」（最判昭和25・12・28）ということが確認されています。

否定されるのなら全部が保障されませんが，肯定されるとなると，その範囲が問題になります。この論点については，全部ではなく一部に限定されるというのが，これまでの通説や判例です。全部は享有できないのだとすると，保障される部分とされない部分を仕分ける必要があります。

憲法の条文の文面に着目して，たとえば人権規定の主語が「何人も」になっていれば，その権利が外国人にも保障されるという文言説もありました。けれども，このように判別すると，そもそも外国人が「個人として尊重される」こともなくなってしまうほか，たとえば日本国が外国人にも「国籍を離脱する自由」（憲22条2項）を保障するという不思議なことにもなってしまいます。もともと丹念に分別して選択されているわけでもない字句を後知恵で活用しようとするのには，やはり無理がありました。

結局のところ，「基本的人権の保障は，権利の性質上日本国民のみをその対

象としていると解されるものを除き，わが国に在留する外国人に対しても等しく及ぶものと解すべきであり，政治活動の自由についても，わが国の政治的意思決定又はその実施に影響を及ぼす活動等外国人の地位にかんがみこれを認めることが相当でないと解されるものを除き，その保障が及ぶものと解する」（最大判昭和53・10・4）というのが判例の立場になっています。国籍が違っても人間であることに違いはないはずなのですが，法人の人権とキーワードを共有する「性質」説です。

　そもそも「権利の性質」が丁寧に分類されなければ，人権の享有を左右する重大な判断の枠組みとして上手く機能しないのではないかと懸念されてきました。生まれも育ちも日本国内である外国籍の地方公務員が管理職に昇進するための試験を受験させてもらえなかった事案においては，「国民主権の原理に基づき，国及び普通地方公共団体による統治の在り方については日本国の統治者としての国民が最終的な責任を負うべきものであること（憲法1条，15条1項参照）に照らし，原則として日本の国籍を有する者が公権力行使等地方公務員に就任することが想定されているとみるべきであり，我が国以外の国家に帰属し，その国家との間でその国民としての権利義務を有する外国人が公権力行使等地方公務員に就任することは，本来我が国の法体系の想定するところではない」（最大判平成17・1・26）という判断が提示されました。

　ここで「国民主権の原理」を原点とする「法体系の想定」が決め手とされているのは，法律や条例に外国人お断りと明記する具体的な禁止規定が存在しないからでしょう。また，それでも「原則」というからには何らかの例外も想定されていそうですが，どこまでが「原則」なのかも判然としません。

　もっとも，このような判例の最大の難点は，なぜ「日本国の統治者としての国民」が「原則として日本の国籍を有する者」により構成されるのかが説明されていないところにあります。「日本国民たる要件は，法律でこれを定める」（憲10条）という憲法の規定に基づいて国籍法という法律があるのですが，これが違憲判決（最大判平成20・6・4）も経験した法律だということを棚に上げておくとしても，まさか人権保障と並び立つ基本原理の要諦が法律に丸投げされているなどと解釈すべきではないでしょう。選挙権を行使する有権者の範囲についても同様の憲法問題を指摘することができますが，およそ国民の権力と人

間の権利が交錯する場面において，共同決定が自己決定を圧倒する単純な論理の構成が漫然と採用されるようでは，民主主義と自由主義の均衡が放棄されてしまうことも危惧されます。

4　人権の限界

[1] 内在的制約　人権の不可侵性と普遍性が両立するには，人権の行使が相互に矛盾する場面を想定して，そこでの折り合いの付け方を考えておかなければなりません。皆の幸せのためには，どうしても公平に調整する必要があるということですが，調整により確保されるべき共通の利益を，日本国憲法の専門用語では「公共の福祉」（憲12条・13条後段・22条1項・29条2項）と記します。

この「公共の福祉」が人権とは完全に異質な公益でもありうるとすると，人権を凌駕するような利益もあるということになります。けれども，人権に優越するような価値を承認してしまうのでは，大日本帝国憲法に「日本臣民ハ安寧秩序ヲ妨ケス臣民タルノ義務ニ背カサル限ニ於テ信教ノ自由ヲ有ス」（明憲28条）などと規定されていたのと大きくは変わりません。常識的な正義感や美意識も，それらが人権保障の論理から独立しており，その外部にしか存在しないなら，嫌がる人にも共有するように強制することは許されないでしょう。

刑法の保護法益の分類には，個人のほか，国家や社会を主体として説明される法益も登場しますが，なぜ国家や社会の利益が人権保障に優先されるのかを問われると，少なくとも究極的には人権保障のために存立している国家や社会であるからだと答えざるを得ないでしょう。さもないと，人権保障のための「最高法規」（憲98条1項）に，「すべて国民は，個人として尊重される」と規定されている意味が薄弱になってしまいます。

人権制約の論理が人権保障の論理に内在していると理解すると，いまや高度に複雑化した人権行使の交通整理を最適化することは，それこそが権力の本来的に最重要の役割だということになります。西欧の近代史に登場した社会契約というコンセプトは，このような役割を説明しています。

もっとも，国民主権の原理に基づく民主主義の政治過程により発行される具体的な処方箋は，常に正しいとも限りません。最大多数の最大幸福という功利主義の言葉もありますが，これを表層的に理解して，多数決を万能だと理解するのは誤解でしょう。いかに民意を反映しようとも試行錯誤の所産にほかなら

ない合意により自己決定が抑圧される局面では，もとより境界画定の困難な主権と人権の緊張関係が発現することになります。

とくに現代の積極国家の政策による弱者救済目的の規制は，恵まれた立場の人々と恵まれない立場の人々の利害関係を一般的に調整していますので，内在的制約といっても抽象度が高く，正解を見定めづらいことが少なくありません。だからでしょうか，近代憲法の古典的な人権保障を理想とする新自由主義（new liberalism ではなく，それとは対照的な neo-liberalism）の立場からは，徹底的な規制緩和による自由放任の国家像の復古が目指されます。けれども，社会的に連帯している現代の人間像を捨象してしまうと，再び弱肉強食の事態を放置するような法治国家にもなりかねません。このように人権を矮小化することなく，最適な内在的制約を緻密に検討しなければならないでしょう。

［2］ **特別な制約**　権力との関係が特殊な立場にある公務員などの場合でも，確かに人権を享有しているのですから，それに対する外在的制約ではなく，それぞれの関係に特有の内在的制約を考える必要があります。公務員が「全体の奉仕者」（憲15条2項）であることは，現代の政党国家にふさわしい特殊な仕事をしている政治家の場合を例外として，公正中立な職務の遂行を要求するでしょうから，職場で身勝手に人権を行使することには限界があるでしょう。けれども，公務員たるもの人格者であれといった種類の徳目により，私生活まで無制限に規律するのには，やはり無理があるでしょう。

受刑者であれば犯した罪を悔い改めるために，無罪の推定を受けている未決拘禁者であれば逃亡したり証拠を隠滅したりしないように，自由が束縛されています。犯罪を野放しにせず，きちんと裁くことにより，人々の権利が保障されるための制約ですから，ついでに貶めてもよいということにはならないでしょう。盗人猛々しいなどと憤慨するだけでは，制約を上手く説明することはできませんが，およそ説明もできないような制約は許されないのが人権です。

未成年者の場合は，もちろん「成年者による普通選挙」（憲15条3項）に参加できませんが，それができるようになるまでは「酷使」（憲27条3項）されないという特別な保護も受けます。また，実際に「無償」の「普通教育」（憲26条2項）を提供されているのも，大多数は未成年者です。

いまだ判断能力が不十分だという理由により，民法に基づき行為能力が制限

されているばかりでなく，人権の行使が制約されていることもありますが，成年被後見人などの場合と同様に，必要な保護を提供することが本来の目的です。このような目的を度外視して外在的制約だと強弁してしまうほど開き直らないためには，将来の人権の行使に十分な可能性を残しておくために現在の人権の行使を制約する場合，たとえば，何か取り返しのつかないことをしでかして現在の本人が将来の本人を傷つけるのを防ぐような場合に限定されていなければならないでしょう。

5 人権の類型

[1] 表現の自由の優越的地位　　現代の人権を説明するにも，トップにラインナップされることが多いのは，権力から手出しをされない権利です。近代の市民革命の成果として獲得された古典的な自由権は，人々の活動の領域に即応して，精神と人身と経済の3つのカテゴリに分類されてきました。このうち精神の自由を保障する日本国憲法の人権規定には，「思想及び良心の自由」（憲19条），「信教の自由」（憲20条1項前段），「集会，結社及び言論，出版その他一切の表現の自由」（憲21条1項），「学問の自由」（憲23条）があります。

とくに「表現の自由」は，これを行使することが個人の自己実現や人々の自己統治に不可欠です。人間が自分のことを自分で決定して自分のなりたい自分になるにも，国民主権の原理に基づく政治が少なくとも究極的には人々の話し合いを通じた合意の形成によるにも，話すことや聞くことが必須の条件でしょう。会話や読み書きなくして成り立たない自由主義と民主主義の実践は，ともに「表現の自由」を必要とします。

コミュニケーションの本来的な双方向性に鑑みれば，聞いたり読んだりして「知る権利」も同時に保障される必要があり，知らせる側には「報道の自由」や「取材の自由」（最大決昭和44・11・26）もありますから，たとえば政府の機密保護が情報公開の制度を骨抜きにしてしまうほど過剰となれば，それには違憲の疑いも生じかねません。なお，パブリックなフォーラムにおける「集会」や政党など各種の「結社」は，「言論」や「出版」などと並ぶオーソドックスなコミュニケーションの方法です。友愛の精神を発揮して連帯するのも巷間の人々の自由であるということには，歴史的にも格別の意義があるでしょう。

また，人々が情報を取捨選択することにより競争原理が機能して，その審判

に耐えた情報が後に残るのだとすると、情報の正誤や善悪を判定するのに長けているわけでもない権力が下手に手出しをして情報の流通を妨げ、この思想の自由市場を歪めるのは、やはり得策ではありません。世間の風通しを悪くして、いつか不満が暴力的に破裂するような事態を招くのも愚策ですから、この「表現の自由」を行使してヴェントできるように、社会の安全弁を常時開放しておくことも大切です。

　こうした理由により、ことさら「検閲は、これをしてはならない」（憲21条2項前段）という形でも保障されている「表現の自由」は、各種の人権のなかでも優越的地位にあり、その制約が正当化されるには厳格なチェックが必要と考えられています。表現の時間や場所や方法を規制して、たとえば真夜中の住宅街での絶叫や隣人宅の外壁への落書きを禁止するのは、表現の内容に中立的な規制ですから、それを取り締まる権力が暴走する危険も小さいでしょう。けれども、特定の意見を狙い撃ちにして封じ込めようとする規制が憲法訴訟の争点となるときには、裁判所も、とくに綿密な審査により、それが本当に必要不可欠かつ必要最小限の制約になっているのかを吟味しなければなりません。

　[2] 精神の自由の手厚い保障　　他人とのコミュニケーションの自由が保障されていれば、当然の前提として、個人の頭や心のなかにも自由が確保されていそうなものです。それでも内心の自由として「思想及び良心の自由」があり、告白や暴露を強制されない沈黙の自由が保障され、様々な個人に向き合う権力が特定の価値観や世界観などに偏向しないで中立を維持すべきなのは、憲法が制定された当時の教訓を反映しているからでしょう。

　人権規定の射程が重複するのをいとわず、宗教や学術について、さらに精神の内面的活動や対外的活動の自由を保障する条文が列挙されている手厚い構造にも、同様の発想が滲み出ています。およそ自由というものが法的に保障される選択の可能性であるとすると、「信教の自由」には、信仰したり、布教などの活動をしたり、宗教的な組織を結成したり、それに加入したりする作為の自由ばかりでなく、無宗教の自由など、これらをしない不作為の自由も当然に包含されているはずです。それでも、重ねて、「何人も、宗教上の行為、祝典、儀式又は行事に参加することを強制されない」（憲20条2項）と規定されています。最少の条文数で規定しようとするのとは異質なコンセプトが、ここにも浮

トピカ　日の丸と君が代

　判例を抜粋しておきましょう。「自らの歴史観ないし世界観との関係で否定的な評価の対象となる『日の丸』や『君が代』に対して敬意を表明することには応じ難いと考える者が，これらに対する敬意の表明の要素を含む行為を求められることは，その行為が個人の歴史観ないし世界観に反する特定の思想の表明に係る行為そのものではないとはいえ，個人の歴史観ないし世界観に由来する行動（敬意の表明の拒否）と異なる外部的行為（敬意の表明の要素を含む行為）を求められることとなり，その限りにおいて，その者の思想及び良心の自由についての間接的な制約となる面があることは否定し難い」（最判平成23・5・30）。いわば面従腹背の自由が残されているから，あっても「間接的な制約」にすぎないということでしょうか。

き彫りになっています。

　また，これらの自由が十分に保障されるために，政教分離や大学の自治が保障されています。このうち前者については，「いかなる宗教団体も，国から特権を受け，又は政治上の権力を行使してはならない」（憲20条1項後段）ほか，「国及びその機関は，宗教教育その他いかなる宗教的活動もしてはならない」（憲20条3項）と規定されています。「国家の非宗教性」という理想と「宗教的中立性」という現実を峻別する判例は，この「宗教的活動」を限定解釈して，「当該行為の目的が宗教的意義をもち，その効果が宗教に対する援助，助長，促進又は圧迫，干渉等になるような行為」（最大判昭和52・7・13）と定義してきました。

　後者の制度については，明文規定がないものの，「大学における学問の自由を保障するために，伝統的に大学の自治が認められている」というのが判例です。「この自治は，とくに大学の教授その他の研究者の人事に関して認められ，大学の学長，教授その他の研究者が大学の自主的判断に基づいて選任される」（最大判昭和38・5・22）と説明されています。かつて戦時に破壊された「伝統」は，このように解釈されている憲法規定により再生されています。

　[3] **人身の自由と経済の自由**　　人身の自由が保障されるということは，「奴隷的拘束」や「意に反する苦役」（憲18条）が禁止されるということのほかに，「法律の定める手続」（憲31条）や法律によっても歪曲されてはならない刑事手

続（憲33条〜39条）が保障されるということでもあります。このうち法定手続の保障は，それが適正手続であることの保障までも当然に含意していると解釈されてきました。いくら法律により事前に規定されていても，その中味が不意打ちや問答無用といった不適正な手続ではいけないという意味です。また，文字通りの手続ばかりでなく，実体についても適正に法定されていなければならないという解釈からは，刑法の基本原理である罪刑法定主義も憲法に規定されていると説明することになります。

　経済の自由には，「職業選択の自由」（憲22条1項）や「財産権」（憲29条1項）があります。前者には，もとより「業」の文字に継続性が含意されており，就職や開業による「選択」の後に勤めたり営んだりすることも当たり前に含まれています。とくに自営の場合には，この側面を指して「営業の自由」（最大判昭和47・11・22）と呼ぶこともあります。

　後者の特徴として，「財産権の内容は……法律でこれを定める」（憲29条2項）という条項もありますが，何もかも「法律」しだいという意味ではなく，およそ人々が「私有財産」（憲29条3項）をもつことのないシステムへの転換が禁止されているでしょう。また，いわば「内容」以前の「財産権」そのものとして，たとえば「近代市民社会における原則的所有形態である単独所有」（最大判昭和62・4・22）が保障されているのだとすると，一般法である民法が「各共有者は，いつでも共有物の分割を請求することができる」（民256条1項本文）と規定しているのは，たんなる「法律」次元のルールではなく，この分割請求権を否定する特別法には，違憲の疑いが生じます。

　[4] その他の自由権と参政権　　日本国憲法の人権規定には，不特定多数の者に対する「表現の自由」とは異質な自由の保障を前提とした「通信の秘密」（憲21条2項後段）もあり，「居住，移転……の自由」（憲22条1項）や「外国に移住……する自由」（憲22条2項）など，よく考えると自由権の古典的な3つのカテゴリには分類しづらい権利も含まれています。移動によるコミュニティの選択を可能にする権利には，封建時代からの脱却にあたり「職業選択の自由」とともに確保されたという歴史がありますが，経済活動を目的にしない移動にも自由が保障されなければなりません。たとえば，同じく故郷を離れての進学と就職の間に，人権保障の格差が発生するのも不自然でしょう。

もちろん，権力から手出しをされない権利ばかりが人権ではありません。たとえば，国家賠償（憲17条）や刑事補償（憲40条）や損失補償（憲29条3項）を請求する権利もあり，民事事件や刑事事件や行政事件を処理する「司法」（6章）にアクセスして「裁判を受ける権利」（憲32条・37条1項）もあります。

また，政治過程にアクセスする参政権には，「普通選挙」において「投票の秘密」（憲15条4項前段）まで保障される「国民固有の権利」（憲15条1項）としての選挙権があります。そして，署名活動を展開するなどして「平穏に請願する権利」（憲16条）もあります。これらの権利と相互補完の関係において，「集会，結社及び言論，出版その他一切の表現の自由」は，より効果的に自己統治の機能を発揮するでしょう。

［5］**現代憲法による人権保障**　権力により手助けをされる権利として保障される社会権には，「健康で文化的な最低限度の生活を営む権利」（憲25条1項），「教育を受ける権利」（憲26条1項），「勤労の権利」（憲27条1項），「勤労者の団結する権利，団体交渉その他の団体行動をする権利」（憲28条）が含まれています。このように条文に明記されている「勤労者」が典型例ですが，およそ具体的な人間像を前提にするのが現代憲法の特徴です。

どの程度まで手助けをされる権利として保障されるべきなのかは，社会権に共通する難問です。法律などにより具体的な保障の輪郭を画定されなければ，裁判官が憲法の規定だけを手がかりにして具体的な事件の微妙な争点を決着させるのは，確かに難しいことが多いかもしれません。社会権は，このような意味で自由権とは異質な抽象的権利です。

それでも，保障の骨格は，現代憲法としての日本国憲法に規定されていると解釈することができます。たとえば，手を差し伸べる役割を担う国家が「向上及び増進に努めなければならない」（憲25条2項）という文言は，具体的な到達目標を明示してはいないでしょうが，現在すでに達成されている保障の程度を安易に切り下げてはならないことくらいは含意しているでしょう。

［6］**新しい人権の保障の方法**　人権規定には明記されずに含意されている権利も，社会の進展などにより，その輪郭が明瞭になった段階では，新しい人権として包摂される構造になっています。いまやコミュニケーションの自由として再構成されている「表現の自由」の規定は，「知る権利」が保障される根拠

ともなり，もとより死なない程度に「健康で文化的な最低限度の生活を営む権利」ではないとすると，この人権規定には，良好に整備された環境における生存権が含意されていると解釈することもできるでしょう。

　個別の人権規定に読み込むことが難しい場合には，包括的な人権規定を根拠とすることができます。「生命，自由及び幸福追求に対する国民の権利」(憲13条後段)は，人権の総称であるとも理解されてきましたが，抽象的な理念を文字にしただけのものではなく，人権の名にふさわしい権利について，ほかに適切な保障の根拠がないときには，痒いところに手が届く補充的保障の具体的な根拠規定としても活用されてきました。

　財産的利益の対義語である人格的利益が，いまや憲法に基づいて保障される権利にもなっている人格権として，個人情報を保護する法制度によっても保障されているプライバシーの権利などがあります。大日本帝国憲法の時代から民法や刑法の分野にも登場する人格権の概念では説明しづらい新機軸の人権として，自己決定権というものも構想されてきました。尊厳死や人工妊娠中絶から髪型や服装まで，自己決定権の行使が主張されてきた具体的な事項は，まことに多岐にわたります。

　もっとも，人権保障の論理には人権制約の論理が内在していますから，何でも自己決定できるということは，必ずしも嬉しいことづくめではないはずです。権力に託される合意に基づいて自己決定が封殺されることもあるのですから，人権の不可侵性が動揺しないように，人権のカタログの行間を読むときにも，「個人として尊重される」ということの意味を噛みしめておく必要があります。

II　平和主義

1　平和の権利

　近代立憲主義に基づく現代憲法としての日本国憲法は，きわめて特徴的なことに，平和憲法でもあります。「全世界の国民が，ひとしく恐怖と欠乏から免かれ，平和のうちに生存する権利を有することを確認する」(前文2段)と明記されているのは，この平和的生存権を3つの構成要素に分解してみると，恐怖

> **トピカ 権利としての平和**
>
> 判例を抜粋しておきましょう。「平和的生存権は，現代において憲法の保障する基本的人権が平和の基盤なしには存立し得ないことからして，全ての基本的人権の基礎にあってその享有を可能ならしめる基底的権利であるということができ，単に憲法の基本的精神や理念を表明したものに留まるものではない。……この平和的生存権は，局面に応じて自由権的，社会権的又は参政権的な態様をもって表れる複合的な権利ということができ，裁判所に対してその保護・救済を求め法的強制措置の発動を請求し得るという意味における具体的権利性が肯定される場合がある」（名古屋高判平成20・4・17）。翌年にも，これと同旨の判決が下されています（岡山地判平成21・2・24）。

から免れる権利が権力から手出しをされない自由権として生まれ，欠乏から免れる権利が権力により手助けをされる社会権として続いた立憲主義の歴史の先端に，ようやく世界の平和までもが権利として構想される段階の到来したことが宣言されているのでしょう。

ごく一般的なことですが，たいていのテクストはコンテクストのなかにあり，それぞれの文は文脈に則して解釈されなければなりません。してみると，「われらは，いづれの国家も，自国のことのみに専念して他国を無視してはならないのであつて，政治道徳の法則は，普遍的なものであり，この法則に従ふことは，自国の主権を維持し，他国と対等関係に立たうとする各国の責務であると信ずる」（前文3段）という文を解釈して，憲法制定権力としての国民により表明された信念に基づき，国際貢献の必要性を主張するにも，いたずらに軍事的な貢献の方法を正当化することはできないでしょう。このような信念の表明の直前に明記されているのが平和的生存権であり，その前にも「平和」の文字が3度にわたり使用されています。

2 戦争の放棄

[1] **戦争とは何か** 平和が保障されるために選択された手段は，ほかでもなく日本国の「政府の行為によつて再び戦争の惨禍が起ることのないやうにする」（憲法前文1段）という誓いに基づく「戦争の放棄」（2章）です。いみじくも「国権の発動たる戦争と，武力による威嚇又は武力の行使は，国際紛争を解

決する手段としては，永久にこれを放棄する」（憲9条1項）と規定されていますので，宣戦布告ではなく謀略が端緒となった満州事変のような「武力の行使」も，仏独露から遼東半島の返還を要求された三国干渉（1895年4月23日）のような「武力による威嚇」も禁止されています。

　もっとも，この条項には，「国際紛争を解決する手段としては」という限定の文言があります。類例を探してみると，かつて国際連盟の時代には，国際法の歴史上はじめて戦争の違法化を主題とした戦争放棄ニ関スル条約（1928年8月27日）が締結されており，この不戦条約に，「締約国ハ国際紛争解決ノ為(ため)戦争ニ訴フルコトヲ非トシ且其ノ相互関係ニ於テ国家ノ政策ノ手段トシテノ戦争ヲ放棄スルコトヲ其ノ各自ノ人民ノ名ニ於テ厳粛ニ宣言ス」（1条）という規定があります。

　結局のところ，再度の世界大戦を未然に防止することができなかった不戦条約は，そもそも「戦争」を分類しているわけではなく，侵略などの概念を定義しているわけでもありませんが，侵略のための不正な「戦争」に対象を限定して，当時の大国が放棄を約束したものと解釈されてきました。およそ侵略をするのにも何らかの文脈や意味における自衛を大義名分とするのは，古来の実例に事欠かない主権の発動の作法なのでしょうから，これらの目的を目印として「戦争」を仕分けることに限界のないはずがありません。それでも，国際的に共有されてきた伝統的な解釈を踏襲して，類似の文言を採用している日本国憲法の規定も，自衛のための正当な「戦争」まで放棄しているわけではないと説明するのが，従来の政府解釈です。

　[２]　**戦力の不保持**　日本国憲法には，「前項の目的を達するため，陸海空軍その他の戦力は，これを保持しない」（憲9条2項）という独自色の濃厚な規定もあります。その解釈の焦点とされてきたのは，もちろん「前項の目的」が何を指しているのか，という論点です。

　侵略のみを禁止する限定の趣旨を反復しており，自衛のための「戦力」を例外として許容する意味だという解釈もありますが，衆議院帝国憲法改正小委員会の芦田均委員長が，もとの政府案に対する修正案として，この字句を挿入したのは，「正義と秩序を基調とする国際平和を誠実に希求し」（憲9条1項）という文言とセットでしたから，これらをセットで解釈して，あらゆる「戦力」

の無限定の不保持と理解するのが自然でしょう。そもそも使用しないというのではなく「保持しない」というルールですから，用途を限定したラベルを貼って許されるものでもありません。従来の政府解釈も，自衛のための「戦力」も「保持しない」と説明しています。

　もっとも，この説明の裏側では，「戦力」未満の部隊や装備が正当化されてきました。朝鮮戦争が勃発すると，ポツダム宣言を執行していた連合国軍最高司令官総司令部（GHQ）の意向を受けて警察予備隊が設置（1950年8月10日）されましたが，それにあたり「戦力」に該当するのは軍事力をもつ軍隊であって警察力を補完する予備の部隊ではないと説明されました。サンフランシスコ講和条約とも別称される日本国との平和条約が発効して占領が解除されると，これが保安隊に改編（1952年10月15日）されましたが，このとき「戦力」の解釈が変更され，当代の「戦争」を遂行することが可能な能力という意味であり，遂行不能な程度では該当しないと説明されました。

　陸・海・空の自衛隊が発足（1954年7月1日）すると，自衛のための必要最小限度の実力であれば該当しないという説明に変更されました。正当防衛の論理を援用して，国家にも固有の個別的自衛権があり，もしも攻撃されたときには，それを外国と同時に行使することも可能であると主張してきた政府でしたが，自衛隊の誕生60周年の日には，閣議決定により，本来的には軍事同盟の論理に基づくはずの集団的自衛権の行使までもが，なお限定的であるとは釈明されつつも解禁されました。

　もはや「戦力」もどきでも「戦力」まがいでもない正真正銘の「戦力」が，それを承認する改憲もなされないままに，確かに保有されているという認識を前提にしているのではないでしょうか。そうだとすると，いまや平和主義ばかりでなく立憲主義も危機にあり，「最高法規」である日本国憲法の源流と本義も，重大な挑戦を受けていることになります。

▶ EXAM 設問
　外国籍の自治体職員が，異例の若さで管理職に昇進するための試験に合格していたにもかかわらず，それに嫉妬した同僚の密告により，大規模な反戦運動を展開する政治団体の集会に度々参加していたことが判明したために，権力の行使を指揮する管理職には

不適当な人物だと評価されて，昇進試験の合格を取り消されたとします。この地方公務員は，日本国憲法に基づいて救済されるでしょうか。

【参考文献】
市川正人・倉田原志編『憲法入門――憲法原理とその実現』法律文化社，2012年。
辻村みよ子『人権をめぐる十五講――現代の難問に挑む』岩波書店，2013年。

Chapter 12

国際社会と法　平和と人権

●人権を国際的にみてみよう。

　F. ルーズベルト米国大統領は，第二次世界大戦に参戦する目的として人権の擁護を掲げました。これは国際社会で初めて「人権」が取り上げられた歴史的事件として扱われますが，国際社会が人権を取り上げたことが注目されるのはどうしてなのでしょうか。

　私たちが当然だと思っている「人権」を国家という枠を離れ，国際社会からどうみえるのか考えてみましょう。

◆この章で学ぶこと◆

・国際社会と国際法の仕組みをとらえてみましょう。
・なぜ人権が国際的な問題となったのか考えてみましょう。
・人権のもつ歴史性を再確認してみましょう。
・国際的にはどのような人権文書があるのでしょうか。
・国際的な実施監督措置にはどのようなものがあるのでしょうか。

I　国際法と国際社会における関心事──戦争と平和

　現在，地球上には，70億を超える人々が暮らしています。人間は，社会的動物ですから，一人では生きていけません。必ずどこかの集団に属して生活しています。事実，人々は，民族や宗教，言語などの違いによって約200の国家のいずれかに属しています。その国家は，領域，永続的住民，政府の3つの要素を満たすことがその成立に求められますが，そのうちの永続的住民は，国家が誕生すると，その国家との間に国籍という法的紐帯によって結びつけられ，そ

の国家の国内社会を構成する国民となるのです。他方,こうした国家を主たる構成員とする社会を国際社会といいます。この国際社会の基礎が形成されたのは,1648年のウェストファリア講和会議であるといわれています。そしてこの国際社会における国家を含む構成員(国際法主体)間の関係を規律する法のことを,国際法と呼びます。この国際法は,原則として,すべての国際法主体を拘束する慣習国際法と,特定の国際法主体間のみに通用する条約という2つの法形式からなります。現在の国際社会は,国家だけではなく,国際機構なども構成員として含んでいますが,従来の国際法(伝統的国際法)は,国家のみが権利を有し,義務を負う主体であるとしてきました。

国際社会において重大な関心事項は,戦争です。それゆえ戦争の抑止は国際社会の,そして人類の悲願といってもよいでしょう。しかし国内社会とは異なり,中央集権的な権力をもたない国際社会にとって,その道のりは険しいものでした。国際正義の実現の手段も,国家による武力行使のほかにはない場合が生じるからでした。とはいえ,国際法は,この戦争という存在をいかにして制約するかということに苦心してきました。

かつて,国際法の父と呼ばれたグロチウスは,17世紀ヨーロッパにおいて生じていた三十年戦争の惨禍を目の当たりにして,『戦争と平和の法』(1625年)を著して,正しい原因による戦争のみが国際法上許されるという正戦論を唱え,広く支持されました。しかし,これには重大な欠陥がありました。国際社会は,いずれの理由が正当であるかを判断する者を欠いていたのです。そのため正戦論がかえって戦争を助長させてしまいました。結局,18世紀後半頃になるとこうした戦争をする正当な理由による規制をやめ,戦争の悲惨さを軽減するために,戦争の権利(戦争の自由)を国家に認めたうえで(無差別戦争観),開戦や講和の手続に関する規律,捕虜・傷病者や文民の保護に関する法規を発展させるようになりました。

II 国際社会でも大切なもの——平和と人権の実現に向けて

1 国際人権の前史

国際社会の仕組みが整えられ始めたのは,これまでみたように17世紀のヨー

ロッパです。当時の伝統的国際法の枠組みでは，個人は国際法の対象外とされていました。伝統的国際法は，個人の取扱いを国家の為政者の自由意思に委ねていたのです。そのため従来国際法が個人の人権保護について何らかの定めをもつことはありませんでした。それでも，伝統的に国際社会が，ある特定の人間集団に着目し，それを国際法が規律することがありました。その例のひとつが，外国人（国籍国からすれば在外自国民）の保護に関するものでした。この外国人の保護に関する規則は，貿易の伸展や資本主義の発展に伴い，とくに19世紀後半以降大きく発展しました。当時の国際社会は，ヨーロッパの文明国のみからなるものとされており，こうした国際社会の構造と，文明国の特徴であった重商主義を基盤とする絶対王政やそれ以降の帝国主義をとる国家構造からいえば，諸国家は在外自国民の生命および財産の保護に無関心ではいられなかったからでした。

その他にも，ある特定の集団に属する人間の保護の問題を個別的な形で取り上げたことがありました。たとえば，露土戦争（1877〜78年）後のベルリン会議（1878年）では，信教の自由を尊重する旨が合意されました。19世紀初頭には奴隷貿易を禁止する条約がヨーロッパで作成されました。また武器や手段を規制することによって，戦争においてですらむやみに人命を奪いあるいは苦痛を与えない人道的方法が必要であると考えられるようになりました（交戦法規〔ハーグ法〕）。

以上のような個人の生命・財産を保護するような合意や条約が19世紀以降数多く見られるようになりますが，その性格は，国際法によって人権を保障しようとしたものではありませんでした。当時の経済秩序その他の混乱によって紛争が発生することを防止する手段としてとらえられていたのです。

ただ，国内社会において人権の尊重が十分根づいていない状況下では，国際社会における人権の尊重を期待することはできないでしょう。少なくとも各国の国内において，人々の中に人権の必要性が自覚されるようになることが必要であることに注意が必要です。

2　第二次世界大戦勃発前における平和と個人の権利

ヨーロッパ全土を巻き込んだ第一次世界大戦は，国際社会の秩序のあり方に大きな変化をもたらしました。その戦後処理として作成されたヴェルサイユ条

約は、これまでの講和条約とは異なり、重要な国際機関を設立する条約を盛り込んでいました。まず第1編で国際連盟規約を定め、国際連盟を設立しました。その規約前文には、その目的として「締約国ハ戦争ニ訴ヘサルノ義務ヲ受諾」して、各国間の「公明正大ナル関係」を創り、国際社会に永続的な平和をもたらすことが掲げられていました。ただこの戦争の禁止は、国際裁判の判決後あるいは連盟理事会の報告後3か月を経過するまで戦争を禁止するにすぎず(12条)、一定の条件を満たせば、戦争をすること自体を禁止するものではなかったのです（戦争のモラトリアム）。

　戦争の違法化や軍縮の枠組みをいっそう強めたのは、国際連盟の枠組みではなく、その外の動きでした。たとえば1928年に署名された不戦条約は、フランスと連盟未加盟の米国の主導によるものでした。この条約は、戦争を禁止しましたが、本質的な問題点を抱えていました。そもそも戦争とは、国際法上戦意の表明を表す宣戦布告が行われた後の国家同士の武力紛争を指します。しかし、これでは戦意の表明がなければ戦争ではないことになります。その結果、この戦争概念を濫用して武力紛争や侵略が行われたのです。こうした欠陥を抱えながらも、同様の内容をもつラテンアメリカ不戦条約が1933年に採択され、当時存在した国家のほとんどがこれらの条約のいずれかを批准しました。これらの条約が発効したことによって、少なくとも戦争の違法化が国際社会の規範となったのです。

　他方、国際社会が人間の保護を取り上げる動きもまた、第一次世界大戦後に加速していきます。国際連盟はいくつかの特定の人間集団を保護する制度を整えました。まず注目すべきは、少数者保護制度です。第一次世界大戦の講和条件としてウィルソン米国大統領が提示した14か条（1918年）の方針に従って独立を果たした東欧諸国は、自国の少数者を保護するための少数者保護条約を締結しました。これは、第一次世界大戦敗戦国や新興独立国等に対して、国内の少数者に対する権利保護を義務づけ、その監視を国際連盟に委ねるものでした。これらの諸国では第一次世界大戦後の大きな領域変動によって、少数者集団が数多く生じており、諸国内に存在するその少数者の取り扱い如何で、民族紛争が勃発し、それが国際紛争に転換する危険があると、とりわけヨーロッパにおける平和と安定に悪影響を及ぼすと考えられたからでした。この義務を課

せられた国家からの反発は強かったのですが，この少数者保護条約の仕組みは，少数者保護の一般化とともに，人権一般に国際的保護の必要性を高める契機となりました。

その他にも国際連盟規約には，婦女子の労働待遇改善に対する規定など人道的国際協力が定められていました（23条）。しかしながら，人権は国内問題であるという主張が強く，人権一般が取り扱われることはありませんでした。この時期においても国際社会の現状に変革をもたらす要因が国際社会を不安定化させるものとみなして，これを何とか防ぐために，個人の権利や状況改善の問題が謳われたにすぎなかったのです。

ただ，ヴェルサイユ条約が，第13編に労働者の保護を目的とした国際労働機関（ILO）憲章を定めたことは注目に値します。この国際機関は，労働者を保護するその後の活動とともに，1944年のフィラデルフィア宣言，1946年のILO憲章改正によって，たんなる労働者のみならず，「人間」たる個人の福祉と発展の増進がILOの目的を達成するものに変化させ，国際的な人権保障制度のさきがけとなったのです。

3 第二次世界大戦と国連の誕生──平和と人権の不可分性

従来国際法は，人権問題をその法の対象外とし，国際社会は，国際社会の秩序維持，戦争のない状態（平和）の継続をもたらす手段としてでしか，個人の権利の問題を取り上げませんでした。しかしながら，こうした国際社会の消極的な態度を一変させる事態が生じました。それが，第二次世界大戦でした。国際社会は戦争の違法化を達成し，紛争の平和的解決へ大きく転換したにもかかわらず，世界の主要な国のほとんどを巻き込んだ第二次世界大戦を防ぐことはできなかったからでした。

侵略や武力紛争を始めて国際社会の安定を乱し，大戦を引き起こした要因を生み出したのはいずれも，ナチズムなど個人よりも国家全体の利益を優先する全体主義を理念として，国内において人権蹂躙政策が推し進められた国家でした。こうしたことから，国際社会では，人権が尊重されない国家は，平和を破壊する国家となるという，人権と平和が密接に関わるものであるとの意識が高まりました。平和の維持のための規範を強めると同時に，人権の問題も取り上げていく必要性が国際社会の中で認識されるようになったのです。

第二次世界大戦の惨禍は，二度と戦争を繰り返さないことを世界の人々に決意させました。そこで国際社会は，戦争の違法化から一歩進め，武力の行使および武力による威嚇を禁止する原則（武力行使禁止原則）を規範化していくとともに，国内問題不干渉の原則を堅持しつつも，国際平和を構築するために人権の問題を取り扱うことは不可欠であるという共通の認識に至りました（平和と人権の不可分性）。その任務にあたらせるため，連合国は，1945年国際連合（以下，国連）を設立したのです。こうして，一方では国家を構成単位とし，その国家の行動を規制または抑制して国際平和を構築する機構として，他方で人間の尊厳および価値を促進する人権の尊重を構築する機構として，国連が誕生したのです。

　しかしながら，国連は，発足当初から，人権保障に積極的であったわけではありませんでした。そもそも国連は，その目的に，「差別なくすべての者のために人権及び基本的自由を尊重するように<u>助長奨励する</u>ことについて，国際協力を達成すること」（国連憲章1条）（下線強調筆者）を定めるにすぎません。また国連憲章55条では，「人種，性，言語又は宗教による差別のないすべての者のための人権及び基本的自由の普遍的な尊重及び遵守」を定め，そのために56条にはすべての加盟国が国連と協力することを義務づけていますが，これらの条文は，「経済的及び社会的国際的協力」（第9章）の中に定められているにすぎないのです。他方で，国連憲章2条7項が「本質上いずれかの国の国内管轄権内にある事項に干渉する権限を国際連合に与えるものではな〔い〕」と規定していました。こうして国連憲章は，国内問題であるはずの「人権」の尊重と，「国内問題不干渉」という法益の対立する事態を解消するため，前者を「経済的及び社会的国際的協力」の中に押しとどめようとしていたのです。しかしながら，国連憲章は，人権のカタログこそはないものの，人権の尊重の原則を明確に示しました。このことは，その後の国連の活動の展開，そして国際社会による人権保障への努力によって，「人権問題は国内問題であって，国連がこれに干渉をすることは国内問題不干渉原則に違反する」との主張に対して，重大な人権侵害についてはもはや国内問題ではなく，国際関心事項であるとの考えを世界に定着させ，国連がその後積極的に活動する基礎を形作ったのです。

Ⅲ 国際人権章典の誕生

　国連憲章は，人権の尊重という原則を確認したにすぎません。したがって具体的にどのような人権が保護されるべきかという問題は，依然として残されていました。そこで国連は，経済社会理事会の下に人権委員会を設立し（国連憲章68条），人権カタログ（国際人権章典）の作成に取りかからせることとしました。この人権委員会は，最初に世界人権宣言を作成し，その後条約として国際人権規約を作成するという2段階でこれに対応しました。

　世界人権宣言は，1948年12月10日パリで開催された国連総会で，ソ連・東欧諸国，南ア，サウジアラビアの計8か国が棄権しましたが，反対なしで採択されました。棄権国は，それぞれの立場がありつつも，世界人権宣言の採択に反対をしなかったのも，同宣言が「すべての人民とすべての国とが達成すべき共通の基準として」（前文）作成され，高い道徳的権威をもつものであることは，すべての国の共通した否定しがたい認識であったからでした。

　世界人権宣言は，それ自身法的拘束力をもたない政治的文書です。本文30か条からなり，まず1条で「すべての人間は，生まれながらにして自由であり，かつ，尊厳と権利について平等である」と定めており，2条では差別禁止を謳い，3条から21条までが市民的および政治的権利を，22条から27条までが経済的，社会的および文化的権利を定めています。これらは，西欧的な自然権思想を受け継ぎ，それを発展させたものといえるでしょう。

　国連人権委員会は，世界人権宣言の作成後，国際人権規約の作成にとりかかりました。この規約は，実際には1つの条約ではなく，経済的，社会的及び文化的権利に関する国際規約（社会権規約），市民的及び政治的権利に関する国際規約（自由権規約），そして自由権規約の選択議定書（自由権規約選択議定書）からなる条約として1966年に採択されました。その後，国連総会は，死刑廃止を明文化する自由権規約の第2選択議定書（自由権規約第2選択議定書）を1989年に採択し，さらに2008年には社会権規約選択議定書を採択しました。

　このように国際人権規約は，1つの条約としては成立しなかったのですが，それは東西対立とその両陣営がもつ人権観の相違と，自由権と社会権の実現の

トピカ　国際法と日本国憲法98条

　日本は，憲法98条2項において国際法の遵守を定めています。このことから，国際法は，日本の国内法として法的効力をもつものとされています。また同条1項は，憲法の最高法規性を定めています。したがって，国内法秩序の序列は，憲法＞国際法＞法律の順になるとされています。ただ，国際法は，一般に日本語では書かれていません。国際法の解釈は，正文解釈が求められるため，実際には英文または仏文で解釈することになります。

方策の違いとそこから生じる履行確保措置の差異を反映させることが求められたからでした。

　たとえば，人権実現義務の方策について，社会権規約は，社会権の実現には財政措置等国家による積極的な施策を必要とするため，多くの途上国のことを考慮して，人権の実現に「漸進的に達成」する義務を課しています。また規定ぶりから，個人に具体的権利を付与したものではないとの見方が日本の裁判所において出されています（塩見事件・最判平成元・3・2）。他方，自由権規約は，自由権に定める権利を尊重し確保する義務を課しており，国家は自由権規約の加入と同時にこれを即時に実施する義務を負うとしています。また自由権規約に定める権利は，社会権規約とは異なり，個人に具体的な権利を定めているとされています。そのため，国際法に国内的効力を認めている締約国では（日本国憲法98条2項），被害者個人がその違反に対して国内裁判所において直接救済を求めることができるとされています。

　また国際人権規約は，世界人権宣言に定めていた財産権や庇護を求める権利を除外し，他方で世界人権宣言にはなかった戦争宣伝および憎悪の唱導の禁止（自由権規約20条），子どもの権利（同24条），さらには少数者の権利（同27条）等を新たに追加しました。

　さらに社会権規約と自由権規約の冒頭の1条がともに同じ条文で構成され，そこに人民の自決権が定められていることは注目に値します。これは，当時植民地から独立する国家が相次いでいる国際情勢を反映して，人権が尊重されるためには，その前提として人民の自決権が認められなければならないこと，人民の自決権が，「すべての基本的人権の完全な享有のための必要条件」（1952年

国連総会決議）であることが強く意識されたからでした。

IV 国際的な人権監視──いかに人権を実施・実現していくか

　人権の保障において重要なことは，人権カタログの整備だけではありません。その人権が実際に保障されることが確保されるよう，遵守を国家に義務づけることが必要でしょう。さらに，義務が履行されない場合も考えて，履行確保措置，いわゆる実施監督措置を用意しておく必要があります。多くの人権条約が採択された今日，国際社会の関心は，各国が国際的な人権基準に従った人権保障をしているかどうかを国際的に監視し，履行を確保する実施措置の存在とその実効性をいかに確保するかということに移っているのです。そのため，こうしたことに関心をもつ国家・個人・NGO等が発言でき，それを客観的に判断する場が，国内だけでなく国際社会に存在することが肝要です。とりわけ，被害者が申し立てることができ，かつ救済される仕組みがあることが重要でしょう。この点，国際社会はいかなる仕組みを用意しているのでしょうか。

1 国連による人権実施措置

　国連はそもそも政治的な機関です。人権問題の非政治化を考えていた国連の諸機関は，人権問題を政治的な対話や施策で解決することには消極的でした。この国連において人権に関する重要な機関の1つは，人権委員会（国連憲章68条）です。この人権委員会も，人権カタログの策定に熱心でしたが，当初は実施監督としての機能を果たしてはいませんでした。ところが，国内の人権状況に，とりわけ西側諸国の人権状況に改善がみられるようになると（植民地独立や米国公民権法制定），1960年代以降国連加盟国の国内における人権侵害に対応した手続が整えられるようになってきました。

　さらに，東欧の民主化を契機として，国際社会の人権に対する関心が深まるようになると，1993年にウィーンで開催された世界人権会議が採択した行動計画を受け，国連に人権高等弁務官が設置され，人権に対する活動が国連の中でいっそう意識されるようになりました。この人権高等弁務官は，各国の人権状況に関して，政治的対話を通じて改善を図ることをねらいとするものでした。

　こうした機関の設立を含め，国連における人権の伸張の取組みに新たな変化

をもたらしたのは，2000年のミレニアム宣言でした。その宣言の実施状況を確認するため，2005年には，国連事務総長は，国連活動全般を人権の視点から読み直すことを提唱しました。つまり，国連における「人権の主流化」です。そこで，国連は，人権委員会を人権理事会として格上げし，経済社会理事会から総会の下に置いたのです。

　この人権理事会は，1960年代以降人権委員会が行ってきた人権侵害を審査する手続を引き継ぎました。その手続は，人権侵害に関する公開審査手続である特別手続（国別手続およびテーマ別手続：旧1235手続）と，重大かつ組織的で十分に根拠のある人権侵害に関する個人からの通報を審査する不服申立手続（旧1503手続）です。さらに，「人権の主流化」の流れの1つである政治的対話の場として，すべての国連加盟国の人権の実現状況を定期的（4年ごと）に審査する，普遍的定期審査（UPR）と呼ばれる加盟国間のピアレビューの制度を2007年設置しました。

2　人権条約上の実施措置

　国連の政治的機関による人権実施監視が行われると同時に，各人権条約においても，その条約義務履行の監視が求められるでしょう。最も効果的なものは，裁判所システムの導入です。後で見る地域的人権条約の中には，独自の人権裁判所を持つものもあります。しかし，国連が作成した人権条約には，裁判所システムがありません。各人権条約には人権の専門家からなる委員会がそれぞれ設置されており，その機関が締約国の人権条約義務を履行しているかどうかを監視する任務を負っています。

　その実施措置には，締約国が自国の人権状況を委員会に定期的に報告する制度（国家報告制度），ある締約国が条約義務を果たしていない事実を他の締約国が委員会に通報する制度（国家通報制度），人権侵害を受けた被害者自身が委員会にその被害を通報する制度（個人通報制度），さらには委員会自身が人権侵害の実態を現地に直接行って調査する制度（調査制度）があります。これらは，各条約が対象とする人権の特徴にあわせて取り入れられています。たとえば，社会権規約には，国家報告制度が，自由権規約には国家報告制度と国家通報制度ならびに自由権規約選択議定書には個人通報制度が定められています。しかし，近年では，被害者の声を国際社会が直接受け止めることの重要性が認識さ

れ，社会権規約，女子差別撤廃条約や児童の権利条約に見られるように，人権条約に追加する新たな選択議定書を作成して個人通報制度を採用する方向が見られるようになっています。

こうした制度を通じて，各委員会は，各制度の手続に基づき，総括所見（国家報告制度），見解（個人通報制度・国家通報制度），意見（調査制度）を関連締約国に対して出すとともに，すべての締約国向けに，各条文が示す人権の遵守ガイドラインを一般的意見という形で出しています。ただし，地域的人権条約においてみられる人権裁判所の判決とは異なり，これらはすべて法的拘束力がなく，勧告的効力しかもちません。しかし，国際司法裁判所は，これらを「大きな重み」のある判断として人権条約解釈の基礎として用いています（ディアロ事件国際司法裁判所判決）。

V 国際人権章典の影響

世界人権宣言は，先に述べたように国際社会全体に適用された初めての人権文書です。この宣言はその後の国際社会における人権文書や国内憲法に大きな影響を与えています。国連の舞台においても，様々な形で世界人権宣言が言及されており，こうしたことから，世界人権宣言は慣習国際法として法的拘束力をもつにいたったのではないかという主張が強く行われています。

1 個別的人権条約

世界人権宣言を含む国際人権章典は，国際人権法の中核をなすものといっても過言ではありません。しかしこれだけではあらゆる人権問題を十分にカバーしているとはいえません。あるいはもっと具体的な保障基準を必要とする場合もあるでしょう。そこで国連は，国際人権章典を基に，個別の規定をより詳細に定めた人権条約・宣言を数多く作成しました。たとえば，人種差別撤廃条約（1965年），女子差別撤廃条約（1979年），拷問等禁止条約（1984年），児童の権利条約（1989年）などがあげられます。これによって人権の中身の精緻化と豊富化が行われました。

たとえば，同じ差別の撤廃でも，人種差別撤廃条約と女子差別撤廃条約とでは差別を禁止する範囲が異なっており，前者は「あらゆる公的生活の分野」に

おける差別を，後者は「あらゆる分野」における差別を禁止するとなっています。つまり，女子差別が私的生活分野において根強く残っていることが念頭に置かれているのです。

2　地域的人権条約

さらに世界人権宣言は，地域的人権条約の作成にも影響を与えました。地域的人権条約とは，普遍的な人権条約を損しない範囲で，各地域の社会的・文化的同質性を活かした人権保障のシステムを構築するものです。1950年ヨーロッパ人権条約，1969年米州人権条約，さらに1981年に採択されたアフリカ地域のバンジュール意章などがあります。これらには，人権裁判所を擁するものがあり，国内の最高裁判所においても救済されない人権侵害をそれぞれの人権条約に基づいて判決を下します。こうした司法的救済による人権の実現は，その地域において実効性ある人権法の構築に貢献しています。

3　国内憲法への影響

また国内法に対しても，国際人権章典は影響を与えています。第二次世界大戦後独立した諸国や，1989年ベルリンの壁崩壊以降の民主化によって憲法を改正した旧ソ連・東欧諸国のなかには，その憲法の人権カタログとして世界人権宣言や人権条約の遵守を明示しているものも少なくありません。

4　国際社会にみる新しい人権——第三世代の人権

第二次世界大戦後，人権問題の国際化とともに，植民地の独立が相次ぎました。これによって，国際社会には，西欧諸国だけではなく，多種多様な歴史的・社会的な背景をもつ国家が誕生することになりました。このことは，人権概念に新たな問題を提起することとなりました。とりわけ注目されるのが，人権をこれまでのように国家と個人の関係という国内的な枠組みではなく，国際的な諸条件とも深く関わったものとしてとらえようとする傾向が出現したことです。ここに登場するのが，いわゆる「第三世代の人権」と呼ばれる人権です。

そもそも人権は，一度に出てきたわけではありません。人権概念の登場を歴史的に概観すれば，17・18世紀に市民的・政治的権利という「自由」（第一世代の人権）を，19・20世紀に社会的権利という「平等」（第二世代の人権）を，求める人権が出現しています。

現代の国際社会が考える「新しい人権」＝第三世代の人権は，世界人権宣言

> **トピカ　日本と世界人権宣言**
>
> 　日本もまた世界人権宣言と無関係ではありません。日本が国際社会に復帰するにあたり締結したサンフランシスコ平和条約（1951年）の前文には次のような一文があります。
>
> 　「日本国としては，国際連合への加盟を申請し且つあらゆる場合に国際連合憲章の原則を遵守し，世界人権宣言の目的を実現するために努力し，国際連合憲章第55条及び第56条に定められ〔た〕……安定及び福祉の条件を日本国内に創造するために努力〔する〕……意思を宣言する……。」
>
> 　つまり，日本が世界人権宣言や国連憲章に定める人権保障の実現に努力する意思を国際的に表明したことによって，連合国は日本の国際社会復帰を認めサンフランシスコ平和条約を締結したのです。今一度この精神に立ち返って日本の人権問題を見ていく必要があるでしょう。

　28条の「すべて人は，この宣言に掲げる権利及び自由が完全に実現される社会的及び国際的秩序に対する権利を有する」を根拠としています。つまり，人権の実現のためには，国家の枠を超えた国際社会のすべての組織的協力による実現が必要とされる，新しいタイプの人権です。この第三世代の人権は「連帯」の権利と呼ばれ，発展の権利，環境権，平和を求める権利，人類の共同財産に関する所有権が該当するとされています。これらの権利は，1977年国連人間環境会議での人間環境宣言，1986年国連総会決議の発展の権利宣言，そして1993年世界人権会議のウィーン宣言の中に取り入れられ（その他バンジュール憲章），国際社会の中に認知されるようになりました。ただ，この権利は，その主体や実現方法についてまだ未確定なところがあります。

Ⅵ　私たちの生活の中に人権を

　国際社会は，これまでの歴史的な経験の中で，人権の尊重そして保障の方向に歩み出しました。すべての人間の平穏な生活の維持・発展こそが，国際社会全体の平和の維持に貢献するという教訓を活かそうとしているのです。しかしながら，人権は，どこからか与えられることによって実現するものではありません。歴史を振り返ってみても，人間一人一人が自覚して人権を保持しあるい

は発展させる努力が必要不可欠です。国際社会も実際に，人権が各国の国内でどのように実現しているかということに最大の関心があるのです。

　最後に日本における国際人権の実現について考えてみましょう。まず思いつくのは，司法的救済を求めるものでしょう。裁判所は，人権侵害の救済について憲法の人権条項を利用します。さらに，国際社会が定めた国際人権基準の保障を求め，これを援用することもあるでしょう。

　もう1つは，行政府や立法府に対して働きかけることです。国際機関が総括所見などによって出した人権基準に沿った行政や立法をすることを求め，救済を求めることによって国内の人権をよりよくする制度を構築し，将来の人権侵害を予防することもあるでしょう。また個人や NGO の働きかけによって，国際的には新たな人権条約を作り上げることもあります。代表例が，2006年に国連で策定された障害者権利条約です。こうして私たちが，国内外の人権を豊富化していくことも，大切なことなのです。

▶ EXAM 設問

[問1]　第2次世界大戦は，人権に対するとらえ方に対してどのような影響をもたらしたのか論じなさい。

[問2]　国際社会が実施している人権の監督措置の特徴について論じなさい。

【参考文献】

田畑茂二郎『国際化時代の人権問題』岩波書店，1988年。

芹田健太郎・坂元茂樹・薬師寺公夫『ブリッジブック国際人権法』信山社，2008年。

徳川信治・西村智朗編著『テキストブック法と国際社会』法律文化社，2012年。

Chapter 13

法の適用と解釈

●禁令の意味は解釈により明らかに

　橋のたもとに,「古い橋につき4輪自動車の通行を禁止する。」との禁令が掲げられています。軽自動車でこの橋を渡ることはどうでしょうか。軽自動車も4輪自動車に当たります。それゆえ,渡ることのできないことはその文言そのものから明白です。それでは,この橋を2輪の原付バイクで通行することは許されるでしょうか。また,6輪のトラックで通行することはどうでしょうか。

　これら2つの問に対する答えは,文言そのものからは出てきません。そこに,改めて法解釈の意味を問い,その手法を学習する必要性があるのです。

◆この章で学ぶこと◆

・法の適用とはどのようなものなのでしょうか。
・法解釈の目的は何であり,解釈の手法にはどのようなものがあるのでしょうか。

I　法の適用について

1　法の適用とは

　横領罪を例にとり考えてみましょう。それは次のように規定されています。「自己の占有する他人の物を横領した者は,五年以下の懲役に処する。」(刑252条1項)と。そこには,誰が,何時,どこで,誰の物を横領したのかといった現実に生じた具体的な事実は書かれていません。事実を抽象化し,一般的に横領の要件と法的効果を規定しているにすぎません。このように法規範は一般的・抽象的に規制内容を示しているにすぎないのです。

ところが，実際に私たちの切実な関心事となるのは，個々の具体的に生起する事実が法的にどう扱われるのかということです。そこで，個別的・具体的な事実に一般的・抽象的な法規範を当てはめ，当該事実に妥当する法的効果を生じさせることが必要になります。これが法の適用ということです。

2　法的推論と法的三段論法

　法の適用をめぐり最も関心を引くのは，当事者間に法的問題につき紛争が生じ，その解決を裁判所に求めるときであるといえるでしょう。

　裁判における法の適用にあたっては，往々にして独特の論法，つまり法的三段論法が使われるといわれます。これは，形式論理学の三段論法，すなわち「大前提⇒小前提⇒結論」を法的論証に応用したもので，「法規範⇒事実⇒法的効果（ないし判決）」というものです。詐欺罪（刑246条）を例に考えてみましょう。「人を欺いて財物を交付させた者は，十年以下の懲役に処する」が法規範。「XはAを騙して100万円を交付させました」。これが事実。「したがって，Xは詐欺罪を犯したことにより，3年の懲役に処する」。これが判決にあたります。

　もっとも，裁判官が判決を導き出すに当たり，最初からそのような三段論法で思考・推論するわけではないでしょう。実際には，起訴状記載の公訴事実や罪名・罰条を出発点にしつつも，検察官や被告人・弁護人の提出する証拠や主張を見聞しながら事実から規範へ，あるいは規範から事実へと行きつ戻りつしながら徐々に心証を形成していくのが普通です。裁判官の中には，「提起された事実を見てまず直観的に結論を出し，それを後付け的に法的に構成するのが実情だ」と吐露するものまであります。もっとも，そこにいう直観は，法に無関係な，たんなる価値判断によるものではなく，当該裁判官がすでに身につけていた法知識やリーガルマインドに支えられたものでもあるということに注意する必要があります。

　つまるところ，法的三段論法は，裁判官が判決を言い渡すにあたり，それが裁判官の個人的・主観的な考えによるのでなく，法律に従うとこうなるということで，法律の権威を借りて判決の正統化を行うためのものなのです。もっとも，これにはこれで存在意義があります。なぜなら，まず，裁判は国民代表議会の制定する法律に拘束されなければならないという民主主義の要請を少なく

とも顧慮しているからです。また，そのこともあって関係当事者の納得ないし理解を得やすくなるからです。

3 法適用の正当性

[1] **問題の所在**　日本国憲法は，「国会は国権の最高機関であって，国の唯一の立法機関である」（憲41条）と定めています。国会がそのように重要な地位を占めるのは，それが「全国民を代表する選挙された議員」（憲43条）で組織されるからです。このような議会制民主主義と国会による立法を中心とする制定法主義からしますと，法の適用は，議会で制定され国民の意思を体現する法律を忠実に事実に当てはめるものでなければならないでしょう。現憲法下で正当性をもつのはそのような法適用であるということになります。

ところが，問題はさほど単純ではありません。なぜなら，第1に，制定法の意味するところが必ずしも一義的でなく複数の解釈を可能にする場合や，制定法が時代の急速な変化に対応できないまま事件が起こってしまう場合などがあるからです。これらの場合，準拠すべき法は何か裁判で明らかにする必要があります。第2に，法的な紛争は多くの場合，訴えられた事実が実際に存在したのかどうか，あるいは正しい事実は何なのか，といった事実をめぐる争いが主たる問題であるからです。

[2] **法発見の正当性**　前者の問題は次の「法の解釈」でも論じますが，ここではまず法適用における法発見のあり方がいかなるものであれば正当性をもつかという問題を考えてみます。

「法体系の自己完結性と無欠欠性のドグマ」にとらわれ，「法規への包摂という形式論的演繹を偏重」したと批判される概念法学（『新法学辞典』日本評論社，1991年）では上記の問題に応えることはできないでしょう。また，法規範の発見過程や事実認定過程が論理的に一貫するとか整合性があるとかの形式的正当性だけでは，それが法的安定性に寄与できるとしても，法適用の正当性を導き出すことはできないでしょう。やはりそれに加え，具体的妥当性を含む実質的正当性が必要だというべきです。

この問題については様々な理論が展開されてきましたし，これからも続くでしょう。ここではそれらにおける対抗軸を示すにとどめざるを得ません。その一方は，社会の中にある「生ける法」とか問題となる利益衝突解決の具体的妥

当性とかいった社会的実体における正当性の追究です。他方は，社会的実体における正当性は論証できないものとして，関係当事者が議論を重ねて問題の所在を互いに了解し解決策に納得できるかといったコンセンサスに実質的正当性を求めるものです。これらが今後も理論的対抗軸を形成することになるでしょう。しかし，正しい方向は，両者を統一的にとらえようとすることにあるのだ，と考えることもできるでしょう。その際，最も重要で難しいのが，正当とされるべき社会的実体の内実をどうとらえるのかということです。

［3］**事実認定の正当性**　つぎに，事実認定がどのようにしてなされればその事実認定が正当性をもつのかという問題があります。

ここで何よりも必要なのは，事実認定の公平さです。これに対しては，事実認定の正当性は事実が真実であることにこそあるのではないかとの反論が予想できます。けれども，真実性は「できるだけそうであるのが望ましい」という程度で正当性にかかわるにすぎないといわざるを得ないでしょう。なぜなら，裁判では限られた時間のうちに認定しなければならず，また収集できる証拠にも限界があることから，認定された事実が本当に真実なのかという問題が常につきまとうからです。このことは，認識論上の不可知論に立たなくとも，認めざるを得ないことです。民事裁判は形式的真実主義だが，刑事裁判は実体的真実主義だといわれることがありますが，結局は程度の違いだといわざるを得ません。証明の程度につき，民事裁判では証拠の優越で足りるが，刑事裁判では合理的な疑いを入れない程度の証明が必要だといわれます。このように刑事裁判でも完全な証明まで必要とされていないのです。

事実認定の公平さを確保するためにはまず，裁判所の構成が公平でなければなりません。次に必要なのが，立証手続における当事者の対等性です。対等性は原告と被告の両者を形式的に対等な訴訟主体として位置づけるにとどまらず，実際の立証活動においても対等性が保障される必要があるというべきでしょう。そのためには弁護人依頼権，証人審問権に加え，証拠収集・提出における対等性の確保が重要になります。その例としては，裁判所による証拠提出命令制度や刑事裁判における検察官手持ち証拠の全面開示制度が挙げられます。

その上で，訴えられた事実が十分に証明されなかった場合，それによる負担

は誰が引き受けるのが正当かという問題が出てきます。これが証明責任ないし挙証責任の問題です。これについては公平という観点に照らしますと，訴えを提起した者がその責任を負う，つまり敗訴するというのが原則となるべきでしょう。

4 法適用の重畳性

具体的な事件への法の適用については，とりわけ法典主義の国では次のことに注意しておく必要があります。すなわち，民法や行政法，刑法などという異なった複数の法分野の法が重畳的に適用されることがしばしばあるということです。これは1つの事件をめぐって複数の法的関係が生じるからだということもできるでしょう。この問題につき交通事故を例にとり考えてみましょう。

[事実]

私立大学教授Xは，飲酒してほろ酔い加減の状態で自家用車を運転中，前方不注意で歩行者Aを撥ね，重傷を負わせてしまいました。驚いたXは，すぐさま警察に通報し，救急車の手配を要請します。Aは病院に緊急搬送され，手術を受けることができたため，入院加療3週間で退院することができました。Aはさらに1週間自宅療養した後，会社員としての仕事に復帰しました。

[法的関係]

(1) Xは，刑法上，過失運転致傷罪（自動車運転死傷行為処罰5条）と酒気帯び運転罪（道交117条の2の2第3号）による処罰を受けることになります。

(2) 行政法上は，酒気帯び運転の禁止（道交65条1項）に違反したことを理由に行政処分として運転免許の停止がなされます。

(3) 民法上は，不法行為によりAに対する損害賠償責任が生じます（民709条）。また，学校法人より就業規則に規定があればその違反として懲戒処分を受けることでしょう。

(4) Xは，その損害賠償を自動車損害賠償保障法に基づく自動車事故賠償責任保険ないし自主的に保険会社などと保険契約していた任意保険により支払うことができます。

(5) Aが事故にあったのは仕事を終え会社から帰宅する途中であった場合，Aは労働災害として労働者災害補償保険法による労災保険より保険給付

を受けることができ，また会社に対しても雇用の継続を要求できます。

　以上のように交通事故をめぐる法的関係はいくつもあり，それぞれに異なった法が適用されることに注意する必要があります。

Ⅱ　法の解釈について

1　法解釈の手法・技法

　本章の冒頭で掲げた事例からもわかるように，法解釈には専門的な技術の必要とされることが往々にしてあります。そのような法解釈の手法・技法としては次のものを挙げることができます。

　［１］**文理解釈**　　これは，法文に書かれた個々の言葉と文章を字義とおり解釈するものです。法令の解釈は，この意味での文理解釈から始めるのが本来のあり方であるというべきでしょう。もっとも，法の適用のところで述べたように，法解釈にあたりまずは事実に対する直観的価値判断から出発し法文等はそれにかけるオブラートだとの考え方もあることに留意して下さい。

　［２］**論理解釈・体系的解釈**　　刑法202条には「人を……その承諾を得て殺した者は六月以上七年以下の懲役又は禁錮に処する」とあります。他方，刑法199条には「人を殺した者は死刑……に処する」と規定されています。両条文を対比すると，同じく人を殺した場合であっても，199条の殺人罪には同意殺人が含まれておらず，それは202条の罪になると解さなければつじつまが合いません。このように，ある条文の意味を他の条文と対比し全体として論理的整合性や体系的整合性がとれるようにするのが論理解釈・体系的解釈です。

　［３］**反対解釈と勿論解釈**　　本章の冒頭に掲げた例で考えます。橋のたもとに，「古い橋につき４輪自動車の通行を禁止する。」との禁令が掲げられています。この橋を２輪の原付バイクで通行することは，４輪よりはるかに軽い２輪自動車ですと古い橋でも大丈夫なはずですから，反対解釈で許されます。それに対し，４輪よりはるかに重い６輪トラックで通行することは，古い橋への過重になるおそれは明白ですから，勿論解釈として許されません。勿論解釈については，後に述べる類推の一種か，独自の解釈手法か，の争いがあります。これは，刑法において被告人に不利益な類推が禁止されていることと関わって重

要な論点といえます。この問題は，罪刑法定主義の民主主義的要請と自由主義的要請とに照らしてどうかという観点で解決されることになるでしょう。

　[4] **歴史的解釈**　これは，立法を必要とした事実や立法作業の経緯を歴史的に解明することによって法の意味内容を探り出す方法です。

　[5] **目的論的解釈**　Xは，Aを懲らしめようとしてその頭を平手で叩いたところ，Aは，思いもよらず意識不明になり，すぐさま病院に運ばれ緊急に脳の手術を受けたのですが，死亡してしまいました。傷害致死罪を定める刑法205条には「身体を傷害し，よって人を死亡させた者は，三年以上の有期懲役に処する」と規定されています。判例によりますと，この規定は，暴行罪を定める刑法208条の法文との論理解釈で，暴行の故意しかなかった場合でも「結果として」人を死なせてしまったときに適用されると解されています。この見解によりますと，Xは傷害致死罪に問われます。しかし，学説の多くは，刑法原則である責任原理に照らし，重い死の結果について少なくとも過失が必要なのであるから，Xにそのような過失がなければ傷害致死罪には問えないと解しています。この学説のように，立法の趣旨や目的に照らして当該条文の意味内容を解明する手法を目的論的解釈といいます。

　[6] **拡張解釈と類推解釈**　ある言葉の可能な意味の範囲内でその言葉の通常の意味を広げて解釈するのが拡張解釈です。それに対し，ある言葉Aの可能な意味の範囲にはなく，言葉としては別のものBを意味するのだが，その性質などにおいて両者に同一性ないし類似性が認められる場合，BもAと同じものとして扱うのが類推解釈です。大審院時代の有名な「電気は物か」が問われた電気窃盗事件の判例については，次のような問題があります。それが，「物」は広く精神的なものをも意味すると解したうえで，窃盗罪の「窃取」の対象にできるのは可動性と管理可能性を備えたものだ，というのであれば，拡張解釈のうえ目的論的解釈により限定したことになるでしょう。けれども，当時の民法の「物とは有体物をいう」との規定との論理的・体系的解釈を前提にすると，電気エネルギーは有体物ではないわけですから，それも「物」だと解するのは類推になってしまいます。このように拡張か類推かの区別は流動的になる場合もあることに留意する必要があります。

　[7] **それらの位置づけ**　上述した [1] 〜 [3] は法文の形式論理レベルの

トピカ　法典の構造と解釈の特徴

　法典の解釈では論理的・体系的解釈が不可欠です。その理由は，法典の次のような構造にあります。

　日本では，憲法や民法，刑法，商法，刑事訴訟法，民事訴訟法などというように，基本的な国家法は法典という形で制定されています。これを法典主義といいます。それに対し，英国法ではたとえば窃盗法の中で窃盗の犯罪や刑事手続，民事不法行為責任や民事手続がまとめて規定されることがあります。

　それぞれに長短があります。後者では，窃盗が行われれば法的にはどのように扱われるのかが窃盗法を見るだけで一目瞭然となります。けれども，殺人については別途殺人法を見ないとわかりません。前者では，窃盗が行われた場合，それが法的にどうなるかは刑法や民法，刑事訴訟法，民事訴訟法など多くの法律を見ないとわかりません。けれども，刑法を見れば，窃盗だけでなく殺人が犯罪になるのはどのような場合かについても知ることができます。

　法典は，法的主体間の関係，つまり①私人対私人か，②商人対商人か，③私人対社会・国家か，④私人対国家かなどといった関係を軸にして法的関係を整理し，体系化したものといってよいでしょう。①が民法，②が商法，③が刑法，④が憲法や手続法に一応対応するものといえます。法典は，殺人罪とか窃盗罪とかの個別的な法的類型を定める各則と，それらに共通する要件・効果を抽象化・一般化して定める総則から構成されています。

　そのため，たとえば刑法において，窃盗はどのような要件で犯罪となり，それに対しどのような刑罰が科されるのか，総則を見るだけでも，また各則を見るだけでも，知ることができません。両者を合わせ見る必要があるのです。ここに，日本のような法典主義の国においては，法を知るためには専門的な知識が必要だとされる理由の1つがあります。

解釈手法の違いであるといえます。[4]〜[6]は法文の基礎にある実質的な社会的意味内容にまで立ち入る解釈手法といえるでしょう。

2　法解釈の目的・対象

　法解釈の目的ないし対象は何かという問題があります。これは換言すれば，解釈により法が引き出されるのはどのようなものからなのかという問題です。ここでは法規と法が区別され，解釈により明らかにされるべきは法であるとされていることにまず注意する必要があります。

　この問題は，法発見の正当性に関して上述したところとも関係しますが，違

いもあります。解釈の目的・対象の問題は、正当性を検討する対象は何かということであって、正当性そのものではないからです。

この目的・対象については、対立する2つの見解があるとされました。その1つが主観説（立法者意思説）で、法規を作った立法者の意思を探究し、その意思の内容が法であるとする見解です。もう1つが客観説（法律意思説）で、立法者意思を離れ客観的に存在する合理的な法が探究の対象だとする見解です。

主観説に対しては、つぎのような疑問があります。第1は、法解釈で法文以外に立法者意思を探究しなければならないのに、その点に関する立法理由の情報が存在しない場合があるということです。第2はより一般的な疑問です。すなわち、法規に示された国民代表議会の意思は最終的に結論として一致した意思なのであって、その結論に込められた考えは往々にして多様です。そのことから、肝心の立法者の意思が何であるかは判定しにくいということです。

それに対して、立法者意思がわかる場合であっても、諸般の事情に照らし、合理性がなければ立法者意思を無視してよいというのが客観説です。確かに、主観説は一面的だといわざるを得ません。けれども、そのことは立法者意思を無視してよいということではありません。それがわかる場合は解釈にあたり考慮に入れることは当然でしょう。

要するに、解釈の目的・対象は、立法者意思を含めて客観的に存在する合理的な法であるというのが今日では一般的な理解であるといえます。

3 法の継続形成と裁判による法創造

成文法主義の日本では判例は法源ではありません。立法権は国会にあります。ところが、制定法の内容が判例の積み重ねにより徐々に新しい事実を含むものに変えられていくことがあります。明治時代の1907年に制定された刑法175条の「わいせつな物」を例に考えてみましょう。最初は、何の変哲もない手ぬぐいや盃なのですが折りたたむとか水を入れるとかするとわいせつな図画が現れるものがそれにあたるとされました。その延長で、わいせつな音声を録音したテープ、またその延長で、わいせつな場面を撮影した未現像のフィルム、さらには、わいせつな情報がファイルされたコンピューターのハードディスクが、わいせつ物にあたるとされるにいたります。ハードディスクなどは立

法当時には思いもよらなかったものでしょう。このように，法規の意味が判例の積み重ねにより立法当時考えも及ばなかった事柄に拡大していくことがあります。これを裁判による法の継続形成といいます。

　それに対して，稀ですが，裁判によって成文法に新しい法規範が付け加えられることもあります。自己情報コントロール権は憲法の知らないものでした。それが，憲法13条の「個人として尊重される」とか「幸福を追求する権利」とかから，人格権としてのプライバシー権が判例により法として確立されます。すると，それを基盤にしてさらに自己情報コントロール権まで認める下級審判例（たとえば，大阪高判平成18・11・30民集62巻3号777頁）が登場してきます。これは，裁判により新たな権利を認める新たな法が生み出されつつあるもの，つまり裁判による法創造ともいうべきものではないでしょうか。

　裁判による法の継続形成や法創造については未だ定説がない状態だともいえますが，そのような状況が存在することは否定できません。このことに鑑みますと，法解釈の目的・対象が立法者意思に限るとする上述した見解は法適用の実際とも離れたものであるといわざるを得ないでしょう。

4　法解釈の主観性と客観性

　法文の目的論的解釈や類推にとどまらず法解釈には複数の選択の余地のあることが少なくありません。その場合の選択の規準は，法規の外にある価値ないし規範に求めざるを得なくなります。問題は，この価値ないし規範が解釈者個人の主観的なものなのか，それともその主観を超えて客観的・一般的に存在するものなのか，にあります。この問題は，法発見の実質的正当性について述べたところと同様に，哲学的な認識論における対立にも関わり一筋縄ではいきません。しかし，解釈者の主観的規準で法が決められるのでは，民主主義からも，また法的安定性からも，適切ではありません。かといって，法規の外にある価値や規範ということになるとどうしても解釈者個人の主観的な基準が関わらざるを得ません。それゆえ，ここでもやはり，主観的になりがちなものをいかに客観的・一般的な価値や規範でカバーするかが重要になるというべきでしょう。

▶ EXAM 設問
［問１］　目的論的解釈と類推解釈との異同を明らかにしなさい。
［問２］　法適用や法解釈がどのようなものであれば正当性を持つことができるのでしょうか。思うところを述べなさい。

【参考文献】
笹倉秀夫『法学講義』東京大学出版会，2014年，65頁〜227頁。
佐藤幸治・鈴木茂嗣・田中成明・前田達明『法律学入門〔第３版補訂版〕』有斐閣，2008年，180頁〜199頁。

事項索引

あ 行

新しい人権の保障……165
安全配慮義務……18
「家」制度……77, 78
違憲審査権……145
遺言の方式……62, 63
意思能力……24
意思の欠缺……26
一事不再理……131
逸失利益……20, 47
違法阻却・減軽事由……115
医療保険法……94
因果関係……45, 113, 114
ヴァイマル憲法……153
ウェストファリア講和会議……172
ヴェルサイユ条約……173, 175
「疑わしきは被告人の利益に」……126
縁座制……111
応報刑論……118

か 行

外見的立憲主義……141
外国人の人権……157
介護保険法……93-95
概念法学……187
拡張解釈……191
瑕疵担保責任……21
過失……43, 44, 114
　　──責任主義……67
　　──相殺……20
　　──犯……111
敵討ち……108
慣習国際法……10, 172, 181
慣習法……9
監督義務者の責任……47
議院内閣制……145, 146

危険負担……21
既遂……113
規範……4
義務賦課規範……8
旧民法（典）……67
行政警察作用……122
行政国家……154
行政処分……11, 12
共同相続……62
共同不法行為責任……49, 50
共犯……111
　　──従属性……112
緊急避難（刑事）……116
　　──（民事）……43
近代市民法……80, 81
近代民法の修正……68-70
グロチウス……172
刑事司法作用……122, 123
刑事訴訟法……123
刑事補償……131
刑罰の意味と種類……117
刑罰法規の明確性……104, 110
刑法の効力……105
契約の解除……19
契約の自由の原則……67
喧嘩両成敗……108
権能付与規範……8
憲法尊重擁護義務……143
謙抑主義……100, 101
権利侵害行為の差止め……42
権利能力……23
　　──なき社団……24
　　──平等の原則……67
権力分立（構造）……145
故意（犯）……111, 114
行為規制機能……100
行為規範……7

197

公害・環境問題	42
公共の福祉	159
公序良俗違反	26
硬性憲法	136, 144
交戦法規（ハーグ法）	173
公　法	10
国際協調主義	10, 157
国際刑事裁判所	106
国際司法裁判所	181
国際人権規約	81, 177
国際法	10, 172
国際連合（国連）	175, 176
国際連盟	174, 175
国際労働機関（ILO）	81, 175
国内法	10
個人行為責任の原則	111, 115
個人通報制度	181
国会の地位	147
国家通報制度	181
国家報告制度	181
個別的自衛権	169
婚姻意思	54
婚姻障害	54
婚姻の効果	55

さ　行

罪刑法定主義	100, 101, 110, 164
裁決規範	7
最高法規	142
裁判員裁判	125
裁判外紛争解決手続（ADR）	12
裁判による法創造	10, 194
裁判による法の継続形成	193, 194
裁判を受ける権利	125, 126, 165
債　務	18
――不履行	18
死刑廃止条約	120
事後立法・遡及処罰の禁止	102, 105
事実認定	188
地震売買	69
実行行為	112, 113
実体的デュー・プロセス	104, 105
実体法	10

私的自治	157
自動車損害賠償保障法	51, 189
自白法則	129
私　法	10
司法の独立	145
市民革命	137, 152
社会規範	4, 5
社会権	154, 165
社会国家	153
社会福祉法	91, 92
社会法	80
社会保険法	89, 91
社会保障憲章	91
借地借家法	72
借家法・借地法（旧法）	70, 71
自　由	98
就業規則	88
集団的自衛権	169
自由保障機能	100, 101, 110
主　権	139
消極国家	139
条件関係	45, 114
使用者責任	48
譲渡担保	38
証人審問権	126
少年法	123
消費者契約法	72
証明責任	45, 189
証明の程度	188
条　約	10, 172
条　理	9
女子差別撤廃条約	181
所有権	
――の自由の原則	67
――の取得	30
自力救済の禁止	19
知る権利	161
侵害（行為）原理	97, 100, 112, 113
人権	
――高等弁務官	179
――の固有性	154
――の不可侵性	155
――の普遍性	155

——の類型 ……………………… 161
——理事会 ……………………… 180
親族と親等 ……………………… 54
神　判 ……………………………… 14
人民の自決権 …………………… 178
信頼関係破壊の法理 …………… 33
政教分離 ………………………… 163
制限行為能力者 ……………… 25, 72
精神の自由 ……………………… 162
正戦論 …………………………… 172
製造物責任法 …………………… 51
生存権理念 ……………………… 80
制定法 …………………………… 9
性的自己決定権 ………………… 98
正当防衛（刑事）……………… 116
——（民事）…………………… 43
成年後見制度 ………………… 71, 72
正　犯 …………………………… 111
世界人権宣言 ……………… 81, 177
責任原理 …………………… 100, 105, 114
責任阻却・減軽事由 ……… 116, 117
責任能力 …………………… 43, 115
積極国家 ………………………… 153
善意と悪意 ……………………… 26
戦争の違法化 …………… 168, 174
戦争の放棄 ……………………… 167
占有権と所有権 ………………… 29
占有訴権 ………………………… 29
相　続 ……………………… 61, 75
——欠格事由 …………………… 61
——の放棄 ……………………… 62
相当因果関係 …………… 46, 114
相隣関係 ………………………… 30
即時取得 ……………………… 30-32
組織規範 ………………………… 7
損害額の算定 …………… 46, 47
損害賠償 ………………………… 20
——の範囲 ……………………… 20

た　行

対抗要件 …………………… 29, 32
第三世代の人権 ………………… 182
大日本帝国憲法 ………………… 136

ダイバージョン ………………… 120
代理母 …………………………… 60
他害原理 …………… 5, 98, 112, 138
諾成契約 ………………………… 17
団結権 …………………………… 82
男女雇用機会均等法 …………… 86
団体交渉権 ………………… 82, 83
団体行動権（争議権）…… 82, 84, 85
担保物権 ………………………… 35
地域的人権条約 ………… 181, 182
地方自治（の本旨）…………… 150
嫡出の推定 ……………………… 58
注文者の責任 …………… 48, 49
適正手続の保障 ………… 124, 126
手続法 …………………………… 10
電気窃盗事件 …………… 103, 191
典型契約 ………………………… 16
天皇主権 ………………………… 141
動産と不動産 …………………… 28
特別養子 ………………………… 60
独立行政委員会 ………………… 149
土地工作物責任 ………………… 50
届出婚主義 ……………………… 54
取調べの可視化 ………………… 130

な　行

内閣の権限 ……………………… 148
軟性憲法 ………………………… 144
二重譲渡（売買）……………… 32
認　知 …………………………… 59
年金保険法 ……………………… 93

は　行

パートタイマー ………………… 89
廃　除 …………………………… 62
陪審裁判 ………………… 124, 125
派遣労働者 ………………… 89, 90
犯罪被害者等の権利 …… 131, 132
反対解釈 ………………………… 190
パンデクテン方式 ……… 64, 65
判例法 …………………………… 9
被害者なき犯罪 ………………… 98
人（間）と市民の権利の宣言（フランス人権宣

199

| 言）……………………………138
表現の自由の優越的地位……………161
表見代理………………………………25
不快原理…………………………98, 99
富喜丸事件……………………………46
福祉国家……………………………153
復　讐………………………………107
父権主義（paternalism）…………138
不作為犯……………………………113
不戦条約……………………………174
物権的請求権…………………………42
物権と債権……………………………29
不動産の賃貸借………………………33
不当労働行為……………………82, 85
不文法…………………………………9
不法行為責任…………………………43
フランス民法典（ナポレオン法典）…65, 66
不利益供述強要の禁止……………129
武力行使禁止原則…………………176
文理解釈……………………………190
平和的生存権…………………166, 167
弁護士依頼権………………………127
ボアソナード……………………66, 67
保安処分……………………………120
法益保護機能………………………100
法解釈
　　──の主観性と客観性………194
　　──の目的・対象……………192
妨害排除請求権………………………42
法規範………………………………4, 5
法　源…………………………………8
法　人…………………………………24
　　──の人権……………………156
法定相続………………………………61
法定担保物権…………………………35
法の三段論法………………………186
法の推論……………………………186
法適用
　　──の正当性…………………187
　　──の重畳性…………………189
法の実現………………………………11
法の適用……………………………185
法律行為………………………………38

法律婚主義……………………………54
保護法益……………………………112
保証契約………………………………39
ポツダム宣言………………………136
本　権…………………………………30

ま　行

未　遂………………………………113
身分相続………………………………77
民法典論争……………………………66
無過失責任…………………21, 50, 51, 89
無罪の推定…………………………126
無償契約………………………………16
迷惑行為………………………………99
目的刑論・予防刑論………………118
目的論的解釈………………………191
勿論解釈……………………………190
モラリズム……………………………97

や　行

約定担保物権……………………35-37
有償契約………………………………16
有責主義と破綻主義……………56, 57
用益物権………………………………30
養親子関係……………………………59
要物契約………………………………17
予備罪………………………………113

ら　行

離婚の成立………………………55, 56
立憲的意味の憲法…………………140
理由開示請求権……………………129
量刑論………………………………119
両罰規定……………………………115
類推解釈……………………………191
令状主義……………………………128
歴史的解釈…………………………191
連帯保証………………………………39
労災補償制度……………………89, 189
労働安全衛生法………………………88
労働委員会……………………………85
労働基準監督官………………………90
労働基準法（労基法）………………86

労働協約 ……………………… 83, 84
労働組合法 ……………………… 81
労働契約（法）……………… 86, 88, 89
労働憲章 ……………………… 86
労働者 ……………………… 90
労働条件 ……………………… 87, 88
ローマ法の継受 ……………… 65
論理解釈・体系的解釈 ……… 190

■執筆者紹介　＊50音順

生田勝義（いくた・かつよし）　立命館大学特任教授
大平祐一（おおひら・ゆういち）　立命館大学特任教授
倉田　玲（くらた・あきら）　立命館大学法学部教授
河野恵一（こうの・けいいち）　立命館大学法学部准教授
佐藤敬二（さとう・けいじ）　立命館大学法学部教授
徳川信治（とくがわ・しんじ）　立命館大学法学部教授
松本克美（まつもと・かつみ）　立命館大学大学院法務研究科教授

Horitsu Bunka Sha

法学ことはじめ

2015年3月5日　初版第1刷発行
2017年3月5日　初版第2刷発行

著者　　生田勝義・大平祐一
　　　　倉田　玲・河野恵一
　　　　佐藤敬二・徳川信治
　　　　松本克美

発行者　田靡純子

発行所　株式会社 法律文化社

〒603-8053
京都市北区上賀茂岩ヶ垣内町71
電話 075(791)7131　FAX 075(721)8400
http://www.hou-bun.com/

＊乱丁など不良本がありましたら、ご連絡ください。
　お取り替えいたします。

印刷：共同印刷工業㈱／製本：新生製本㈱
装幀：仁井谷伴子
ISBN978-4-589-03662-9

Ⓒ2015 K. Ikuta, Y. Ohira, A. Kurata, K. Kouno,
K. Sato, S. Tokugawa, K. Matsumoto　Printed in Japan

JCOPY　〈(社)出版者著作権管理機構 委託出版物〉

本書の無断複写は著作権法上での例外を除き禁じられています。複写される
場合は、そのつど事前に、(社)出版者著作権管理機構（電話 03-3513-6969、
FAX 03-3513-6979、e-mail: info@jcopy.or.jp）の許諾を得てください。

武居一正著
新入生のための法学部必勝学習法
四六変型判・130頁・1000円

合格発表から前期試験後まで，新入生がその時どきに直面する問題の心がまえや取り組み方をわかりやすく説明。先生のタイプ別ノートのとり方，ゼミの選び方，論文試験対策などの学習法を伝授する"最強の法学部攻略本"。

吉田利宏著
法学のお作法
A 5 判・196頁・1800円

法学という難しそうな世界の「しきたり」を，本質から順を追ってわかりやすく解説。法律を読むための「学びの作法」から，日常生活を過ごすうえでの「社会の作法」まで，絶妙な例え話で作法とその心得を修得する。

瀧川裕英編
問いかける法哲学
A 5 判・288頁・2500円

私たちの生活に大きくかかわっている法や制度を根本的に見つめ直すことによって，それらがどのように成り立っているのかを考える「いきなり実戦」型の入門書。賛否が分かれる15の問いを根源的に検討するなかで，法哲学の魅力に触れることができる。

葛生栄二郎・河見 誠・伊佐智子著〔HBB⁺〕
新・いのちの法と倫理〔改訂版〕
四六判・284頁・2600円

多面的な現象をもつ「いのち」の問題を，法や倫理，宗教などさまざまな視点から複眼的に考える。現代リベラリズムとは一線を画し，「いのちの現場に寄りそう」ことを立脚点に，近時の動向・事件を盛りこんで解説した最新版。

川嶋四郎・松宮孝明編〔αブックス〕
レクチャー日本の司法
A 5 判・294頁・2500円

市民目線で「日本の司法」の全体像をわかりやすく概観。司法や裁判の位置づけ，多様な手続とそれぞれの担い手を詳解し，法や実務の課題を示す。民事裁判や刑事裁判の制度や手続の全体像を知るための手引きとしても有用。

坂本治也編
市民社会論
―理論と実証の最前線―
A 5 判・350頁・3200円

市民社会の実態と機能を体系的に学ぶ入門書。第一線の研究者たちが①分析視角の重要性，②理論・学説の展開，③日本の現状，④今後の課題をふまえて執筆。「運動」とは距離をおいた学術的な市民社会論。3部16章構成。

――― 法律文化社 ―――
表示価格は本体(税別)価格です